하루 10분 쓰면서 배우는
천자문 따라쓰기

하루 10분 쓰면서 배우는
천자문 따라쓰기

4쇄 발행   2024년 1월 5일

지은이   시사정보연구원
발행인   권윤삼
발행처   도서출판 산수야

등록번호   제1-1515호
주소   서울시 마포구 월드컵로 165-4
우편번호   121-826
전화   02-332-9655
팩스   02-335-0674

ISBN 978-89-8097-365-1   13710

값은 뒤표지에 있습니다. 잘못된 책은 바꾸어 드립니다.

이 책의 모든 법적 권리는 도서출판 산수야에 있습니다.
저작권법에 의해 보호받는 저작물이므로
본사의 허락 없이 무단 전재, 복제, 전자출판 등을 금합니다.

1000자(字)에 세상의 이치, 자연의 이치,
역사와 철학의 지혜가 숨어 있는 인성교육의 보고, 千字文

하루 10분 쓰면서 배우는
천자문 따라쓰기

시사정보연구원 지음

시사패스
SISAPASS.COM

머리말

많은 선비들이 밤낮없이 외우고 또 외웠던 책, 학문을 시작할 때 배우는 책으로 한자 1,000자를 엮어 만든 책이 바로 천자문입니다. 천자문은 6세기 초반 중국 양나라 무제 때 주흥사가 지었다고 전해지며, 삼국시대 이 땅에 들어와 소학, 동몽선습, 통감절요 등을 통틀어 가장 인기 있는 학습서로 자리매김했습니다. 이렇듯 최고의 학습서로 군림하던 천자문은 한학 교육이 공교육에서 퇴출된 일제강점기에도 그 열기를 이어 밀리언셀러가 되었습니다.

천자문은 백수문(白首文)으로도 불립니다. 그 이유는 저자 주흥사(周興嗣, 470?~521)가 하룻밤 사이에 이 글을 짓고는 검었던 머리가 하얗게 변했다는 전설에서 유래하였습니다. 이외에도 다양한 전설이 전해지고 있는 천자문은 천 개의 글자로 이루어진 책이며, 한 편의 장편 시이기도 합니다.

천자문의 구성은 한 문장(여덟 글자) 안에서 두 구절(각 네 글자)이 대조를 이루고 있는 경우가 대부분이며, 각 구절(네 글자) 안에서 두 글자씩 대조를 이루는 경우가 대부분입니다. 문장의 주술관계나 문장 성분 역시 대부분 정확한 대조를 이루는 특징을 가지고 있습니다. 천자문을 학습할 때 이러한 구조를 알고 시작하면 훨씬 쉽게 천자문을 익힐 수 있습니다. 또한 각각의 한자에 대하여 급수와 쓰임 등을 자세하게 덧붙여 한자 급수 시험을 준비하는 사람에게도 도움이 될 수 있도록 편집하였습니다.

천자문은 자연 세계와 인류의 도덕과 문명에 이르는 깊이와 풍부함으로 오늘날 우리들에게 세상을 살아가는 힘이 되는 삶의 지혜와 사상을 담고 있어 인성교육의 보고라고도 이야기합니다.

한국과 중국, 일본 등에서 배움의 길에 들어선 학생들을 위한 문자 학습 교재로 널리 활용되었던 천자문은 예나 지금이나 담고 있는 사상의 심오함이나 가치적인 측면에서는 변함없이 그 무게감을 지니고 있습니다. 이러한 천자문을 모두에게 공평하게 주어진 하루 중에 10분이라는 시간을 꾸준히 할애하여 쓰면서 익히다 보면 어느새 책이 담고 있는 내용의 깊이와 넓이가 마음으로 들어올 것입니다.

문학과 역사와 철학의 지혜를 담고 있는 인성교육의 보고(寶庫)인 천자문으로 독자 여러분들이 세상의 이치, 자연의 이치, 나아가 우주의 이치를 깨닫는 경험을 누리시기를 희망합니다.

한자의 형성원리(六書)

1. **상형문자**(象形文字) : 사물의 모양과 형태를 본뜬 글자

   ☼ → ☉ → ⊖ → 日   (해의 모양)
   ⊅ → 月 → 月 → 月   (달의 모양)
   ⊕ → 子 → 子 → 子   (아들의 모양)
   ◉ → ⊘ → ⊖ → 目   (눈의 모양)

2. **지사문자**(指事文字) : 사물의 모양으로 나타낼 수 없는 뜻을 점이나 선 또는 부호로 나타낸 글자

   ⊥ → ⊥ → 上 → 上   (위를 뜻함)
   中 → 中 → 中 → 中   (가운데를 뜻함)
   ⊤ → ⊤ → 下 → 下   (아래를 뜻함)
   木 → 本 → 本 → 本   (뿌리를 뜻함)

3. **회의문자**(會意文字) : 이미 만들어진 글자를 2개 이상 합한 글자

   人(사람 인)+言(말씀 언)=信(믿을 신) : 사람의 말은 믿는다.
   田(밭 전)+力(힘 력)=男(사내 남) : 밭에서 힘써 일하는 사람.
   日(날 일)+月(달 월)=明(밝을 명) : 해와 달이 밝다.
   人(사람 인)+木(나무 목)=休(쉴 휴) : 사람이 나무 아래서 쉬다.

   ① 동체회의(同體會意) : 같은 글자를 합한 것

   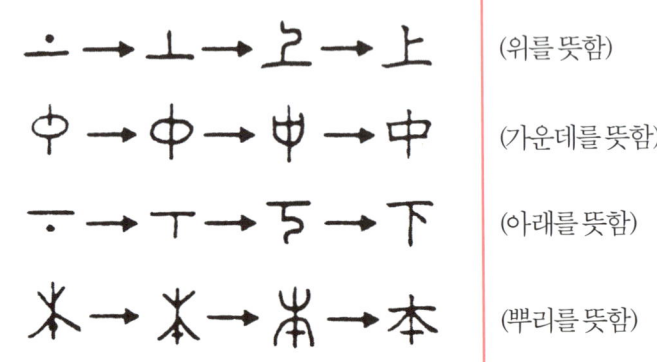

② 이체회의(異體會意) : 다른 글자를 합한 것
  十+口=古   人+立=位
  口+鳥=鳴   木+日=東
③ 생체회의(省體會意) : 두 글자가 합칠 때 일부분을 줄여서 합한 것
  老+子=孝   羊+我=義
  營+力=勞

4. **형성문자**(形聲文字) : 뜻을 나타내는 부분과 음을 나타내는 부분을 합한 글자
  口(큰입 구)+未(아닐 미)=味(맛볼 미)   左意右音 좌의우음
  工(장인 공)+力(힘 력)=功(공 공)   右意左音 우의좌음
  田(밭 전)+介(끼일 개)=界(지경 계)   上意下音 상의하음
  相(서로 상)+心(마음 심)=想(생각 상)   下意上音 하의상음
  口(큰입 구)+古(옛 고)=固(굳을 고)   外意內音 외의내음
  門(문 문)+口(입 구)=問(물을 문)   內意外音 내의외음

5. **전주문자**(轉注文字) : 있는 글자에 그 소리와 뜻을 다르게 굴리고(轉) 끌어내어(注) 만든 글자
  樂(풍류 악) → (즐길 락·좋아할 요)   예) 音樂(음악), 娛樂(오락)
  惡(악할 악) → (미워할 오)   예) 善惡(선악), 憎惡(증오)
  長(긴 장) → (어른·우두머리 장)   예) 長短(장단), 課長(과장)

6. **가차문자**(假借文字) : 본 뜻과 관계없이 음만 빌어 쓰는 글자를 말하며 한자의 조사, 동물의 울음소리, 외래어를 한자로 표기할 때 쓰인다.
  東天紅(동천홍) → 닭의 울음소리
  然(그럴 연) → 그러나(한자의 조사)
  亞米利加(아미리가) → America(아메리카)
  可口可樂(가구가락) → Cocacola(코카콜라)
  弗(불) → $(달러, 글자 모양이 유사함)
  伊太利(이태리) → Italy(이탈리아)
  亞細亞(아세아) → Asia(아세아)

天地는 玄黃이고 宇宙는 洪荒이라

하늘은 검고 땅은 누르며, 우주는 넓고도 크다.

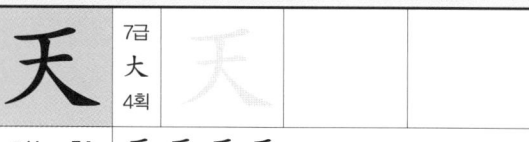

天	7급 大 4획			
하늘 천	天 天 天 天			

天才(하늘 천, 재주 재) 태어날 때부터 갖춘 재주. 또는 뛰어난 재주를 말함.
天下(하늘 천, 아래 하) 하늘 아래, 온 나라.

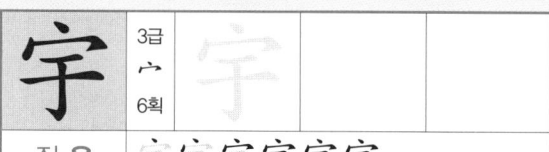

宇	3급 宀 6획			
집 우	宇 宇 宇 宇 宇 宇			

宇宙(집 우, 집 주) 온 세계를 둘러싸고 있는 공간.
宇內(집 우, 안 내) 온 세상.

地	7급 土 6획			
땅 지	地 地 地 地 地 地			

地球(땅 지, 구슬 구) 인류가 사는 천체(天體).
土地(흙 토, 땅 지) 땅.

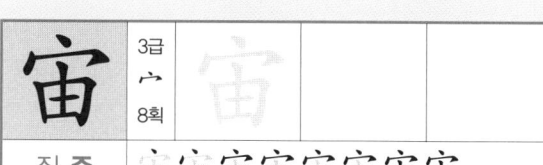

宙	3급 宀 8획			
집 주	宙 宙 宙 宙 宙 宙 宙 宙			

碧宙(푸를 벽, 집 주) 푸른 하늘.
宇宙(집 우, 집 주) 온 세상을 둘러싸고 있는 공간.

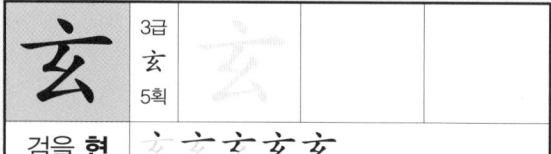

玄	3급 玄 5획			
검을 현	玄 玄 玄 玄 玄			

玄學(검을 현, 배울 학) 심오한 학문.
玄米(검을 현, 쌀 미) 벼의 껍질만 벗기고 쓿지 않은 쌀.

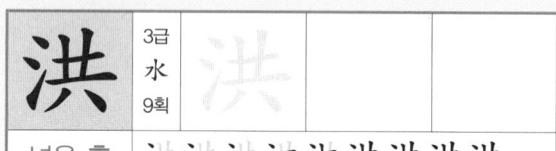

洪	3급 水 9획			
넓을 홍	洪 洪 洪 洪 洪 洪 洪 洪 洪			

洪水(넓을 홍, 물 수) ① 큰물. ② 사람이나 사물 등이 아주 많음의 비유.
洪福(넓을 홍, 복 복) 큰 복.

黃	6급 黃 12획			
누를 황	黃 黃 黃 黃 黃 黃 黃 黃 黃 黃 黃			

黃金(누를 황, 쇠 금) 금. 다시 말해 재물을 일컬음.
黃土(누를 황, 흙 토) 누르고 거무스름한 흙.

荒	3급 艸 10획			
거칠 황	荒 荒 荒 荒 荒 荒 荒 荒 荒 荒			

荒野(거칠 황, 들 야) 돌보지 않아 거칠게 된 들판.
荒廢(거칠 황, 폐할 폐) 거칠어서 못 쓰게 됨.

天地玄黃(천지현황) : 하늘은 위에서 덮고 있는데 그 빛이 검고, 땅은 아래에서 딛고 있는데 그 빛이 누렇다.
宇宙洪荒(우주홍황) : 하늘과 땅 사이. 즉, 이 세상은 매우 크고 넓어서 끝이 없다.

日月은 盈昃하고 辰宿은 列張이라

해와 달은 차고 기울며, 별과 별자리들은 벌여 있다.

日	8급 日 4획				
날 일	一 冂 日 日				

日出(날 일, 날 출) 해가 돋는 것.
來日(올 내, 날 일) 오늘의 바로 다음 날.

辰	3급 辰 7획				
별 진·신	辰 辰 辰 辰 辰 辰 辰				

辰宿(별 진, 별자리 수) 별자리의 별들.
生辰(날 생, 때 신) '생일'의 높임말.

月	8급 月 4획				
달 월	丿 几 月 月				

月光(달 월, 빛 광) 달빛.
歲月(해 세, 달 월) 흘러가는 시간.

宿	5급 宀 11획				
별자리 수 (잘 숙)	宿 宿 宿 宿 宿 宿 宿 宿 宿 宿				

宿命(잘 숙, 목숨 명) 날 때부터 정해진 운명.
下宿(아래 하, 잘 숙) 돈을 내고 남의 집에서 먹고 자는 것.

盈	2급 皿 9획				
찰 영					

盈月(찰 영, 달 월) 보름달이 됨. 만월.
盈虛(찰 영, 빌 허) 가득참과 이지러짐.

列	4급 刀 6획				
벌릴 렬	列 列 列 列 列 列				

列擧(벌릴 열, 들 거) 여러 가지 예를 듦.
陳列(베풀 진, 벌릴 열) 여러 사람에게 보이기 위하여 죽 늘어 놓는 것.

昃	무급 日 8획				
기울 측					

昃聞(기울 측, 들을 문) 얼핏 풍문에 듣는 것.
昃食(기울 측, 밥 식) 저녁밥.

張	4급 弓 11획				
베풀 장	張 張 張 張 張 張 張 張 張 張 張				

張力(베풀 장, 힘 력) 당기거나 당겨지는 힘.
主張(주인 주, 베풀 장) 자기의 주의나 의견을 내세우는 것.

日月盈昃(일월영측) : 해는 서쪽으로 기울고, 달도 차면 기울어진다.
辰宿列張(진수열장) : 별들은 모두 제자리가 있어서 하늘에 고루 펼쳐져 있다.

寒來暑往하고 秋收冬藏이라

추위가 오면 더위는 가고, 가을에는 거둬들이고
겨울에는 갈무리하여 둔다.

寒	5급 宀 12획
찰 한	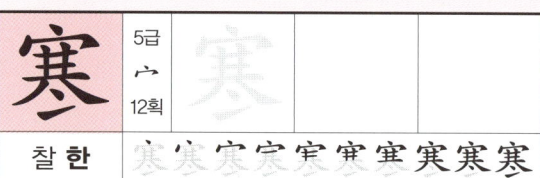

寒氣(찰 한, 기운 기) 추위. 추운 기운.
寒冷(찰 한, 찰 냉) 매우 추움.

秋	7급 禾 9획
가을 추	

秋收(가을 추, 거둘 수) 가을에 익은 곡식을 거두어 들이는 일.
中秋(가운데 중, 가을 추) 가을의 한가운데. 추석.

來	7급 人 8획
올 래	來來來來來來來來

來日(올 내, 날 일) 오늘의 바로 다음날.
未來(아닐 미, 올 래) 장차 올 앞날.

收	4급 攵 6획
거둘 수	

收復(거둘 수, 회복할 복) 잃은 땅을 다시 찾아 거둠.
收錄(거둘 수, 기록할 록) 모아서 기록함.

暑	3급 日 13획
더위 서	

暑氣(더위 서, 기운 기) 더운 기운. 더위.
暴暑(사나울 폭, 더울 서) 매우 사나운 더위.

冬	7급 冫 5획
겨울 동	冬冬冬冬冬

冬眠(겨울 동, 잘 면) 냉혈동물의 겨울잠.
越冬(넘을 월, 겨울 동) 겨울을 남.

往	4급 彳 8획
갈 왕	往往往往往往往往

往來(갈 왕, 올 래) ① 오고 가는 것. ② 서로 교제하는 것.
往復(갈 왕, 회복할 복) 갔다가 돌아오는 것.

藏	3급 艸 18획
감출 장	

藏書(간직할 장, 글 서) 책을 간직해 두는 것. 또는 그 책.
所藏(바 소, 간직할 장) 간직하고 있는 물건.

寒來暑往(한래서왕) : 추위가 오면 더위가 가서 사철이 바뀐다.
秋收冬藏(추수동장) : 가을에는 곡식을 거두고 들이고, 겨울에는 추수한 곡식을 저장한다.

閏餘로 成歲하고 律呂로 調陽이라

윤달이 남아 해를 이루고,
육률과 육려로 음양(陰陽)을 어우러지게 한다.

閏	3급 門 12획
윤달 윤	閏閏閏閏門門門門閏閏閏

閏月(윤달 윤, 달 월) 윤달.
閏年(윤달 윤, 해 년) 윤달이 드는 해.

律	4급 彳 9획
법 률	律彳彳彳律律律律律

律動(법 율, 움직일 동) 음률에 맞추어 춤을 춤.
法律(법 법, 법 률) 질서 유지를 위해 강제하는 규범.

餘	4급 食 16획
남을 여	

餘韻(남을 여, 운치 운) 가시지 않고 남아 있는 운치.
餘裕(남을 여, 넉넉할 유) 넉넉하고 남음이 있음.

呂	2급 口 7획
곡조 려	

六呂(여섯 육, 곡조 려) 십이율(十二律) 중 음성(陰聲)에 속하는 여섯 소리.
律呂(법률, 곡조 려) 음악이나 음성의 가락.

成	6급 戈 7획
이룰 성	

成功(이룰 성, 공 공) 목적을 이루는 것.
成立(이룰 성, 설 립) 일이나 물건이 이루어지는 것.

調	5급 言 15획
고를 조	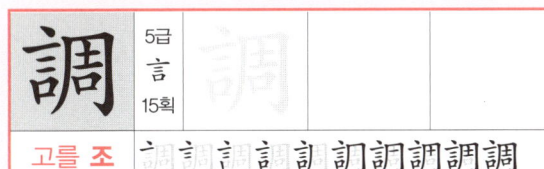

調味(고를 조, 맛 미) 고르게 음식의 맛을 맞춤.
調和(고를 조, 화할 화) 이것과 저것이 서로 고르게 잘 어울림.

歲	5급 止 13획
해 세	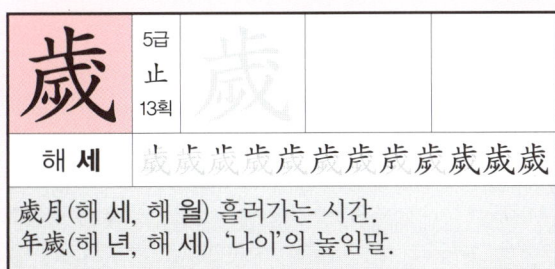

歲月(해 세, 해 월) 흘러가는 시간.
年歲(해 년, 해 세) '나이'의 높임말.

陽	6급 阝 12획
볕 양	

陽地(볕 양, 땅 지) 볕이 바로 드는 땅.
太陽(클 태, 볕 양) 해.

閏餘成歲(윤여성세) : 1년의 남은 시간들을 모아서 4년마다 한 차례씩 윤달을 두어 윤년을 정하였다.
律呂調陽(율려조양) : 4계절에 맞는 육률(六律)과 육려(六呂)로 천지간의 음률을 조절하였다.

雲騰하야 致雨하고 露結하야 爲霜이라

구름이 올라 비가 되고, 이슬이 엉기어 서리가 된다.

雲	5급 雨 12획
구름 운	雲雲雲雲雲雲雲雲雲雲雲雲

雲水(구름 운, 물 수) 구름과 물.
雲集(구름 운, 모일 집) 구름처럼 많이 모임.

騰	2급 馬 20획
오를 등	刀月八朕朕朕朕朕騰騰騰騰

騰落(오를 등, 떨어질 락) 오르고 내리는 것.
暴騰(사나울 폭, 오를 등) 물가가 갑자기 크게 오르는 것.

致	5급 至 10획
이를 치	致致致至至至致致致致

致賀(이를 치, 하례할 하) 칭찬, 축하의 뜻을 표함.
致死(이를 치, 죽을 사) 죽음에 이름.

雨	5급 雨 8획
비 우	雨雨雨雨雨雨雨雨

雨衣(비 우, 옷 의) 비가 올 때 입는 옷.
暴雨(사나울 폭, 비 우) 한꺼번에 많이 쏟아지는 비.

露	3급 雨 20획
이슬 로	露露露露露露露露露露露

露宿(이슬 노, 잘 숙) 한 데에서 자는 잠.
露出(드러낼 노, 날 출) 밖으로 드러남.

結	5급 糸 12획
맺을 결	結結結幺糸糸紅結結結結

結果(맺을 결, 과실 과) 어떤 원인으로 생긴 결말의 상태.
終結(마칠 종, 맺을 결) 끝을 냄.

爲	4급 爪 12획
할 위	爲爲爲爲爲爲爲爲爲爲爲爲

爲主(할 위, 주인 주) 주장을 삼음.
爲國(할 위, 나라 국) 나라를 위함.

霜	3급 雨 17획
서리 상	霜霜霜霜霜霜霜霜霜霜霜

霜菊(서리 상, 국화 국) 서리가 올 때 피는 국화.
秋霜(가을 추, 서리 상) 가을의 찬 서리.

雲騰致雨(운등치우) : 수증기가 올라가서 구름이 되고, 찬 기운과 만나 비가 된다.
露結爲霜(노결위상) : 수증기는 작은 물방울이 되어 이슬을 맺고, 기온이 더 내려가면 서리가 된다.

金은 生麗水하고 玉은 出崑岡이라

금은 여수(麗水)에서 나고, 구슬은 곤륜산(崑崙山)에서 나온다.

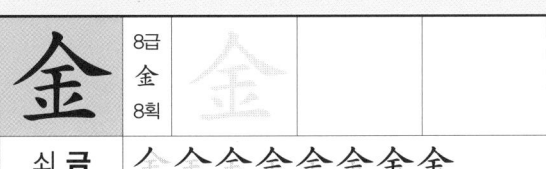

金	8급 金 8획
쇠 금	金 金 金 金 金 金 金 金

金冠(쇠 금, 갓 관) 황금으로 만든 관.
金錢(쇠 금, 돈 전) 쇠붙이로 만든 돈. 화폐.

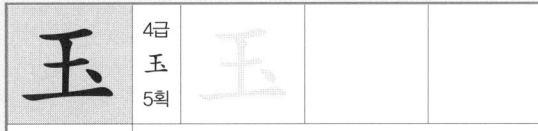

玉	4급 玉 5획
구슬 옥	玉 二 于 王 玉

玉童子(구슬 옥, 아이 동, 아들 자) 귀여운 어린 사내아이.
玉石(구슬 옥, 돌 석) 옥과 돌.

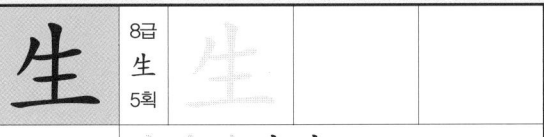

生	8급 生 5획
날 생	生 ㄴ ㅕ 生 生

生日(날 생, 날 일) 태어난 날.
生活(날 생, 살 활) 생명을 가지고 활동하는 것.

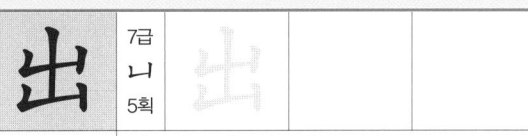

出	7급 凵 5획
날 출	ㅣ ㅓ 出 出 出

出生(날 출, 날 생) 태어남.
出入(날 출, 들 입) 드나듦.

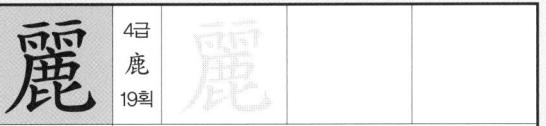

麗	4급 鹿 19획
고울 려	麗 麗 麗 麗 麗 麗 麗 麗 麗 麗 麗

秀麗(빼어날 수, 고울 려) 빼어나게 아름다움.
華麗(빛날 화, 고울 려) 빛나고 고움.

崑	무급 山 11획
뫼 곤	崑 崑 崑 崑 崑 崑 崑 崑 崑 崑

崑山片玉(뫼 곤, 메 산, 조각 편, 구슬 옥) 곤륜산의 조각 옥이라는 뜻으로, 훌륭한 사람이나 물건을 이르는 말.

水	8급 水 4획
물 수	水 水 水 水

水心(물 수, 깊을 심) 물의 깊이.
山水(메 산, 물 수) 산과 물. 경치.

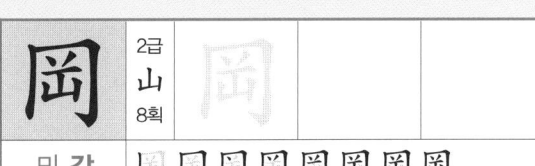

岡	2급 山 8획
뫼 강	岡 冂 冂 岡 岡 岡 岡 岡

岡陵(뫼 강, 언덕 릉) 언덕이나 작은 산.
高岡(높을 고, 언덕 강) 높은 언덕.

金生麗水(금생려수) : 금은 여수(麗水)라는 곳에서 많이 난다.
玉出崑岡(옥출곤강) : 옥은 곤강(崑岡)이라는 산에서 많이 나온다.

劍은 號巨闕하고 珠는 稱夜光하니라

칼 가운데는 거궐(巨闕)이 이름났고,
구슬 가운데는 야광(夜光)이 일컬어진다.

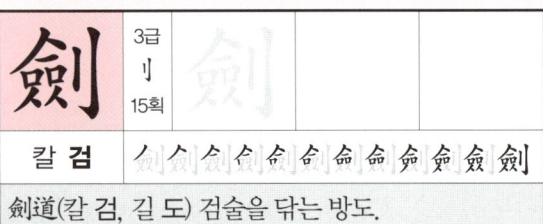

칼 검 / 3급 刂 15획
劍道(칼 검, 길 도) 검술을 닦는 방도.
長劍(긴 장, 칼 검) 긴 칼.

구슬 주 / 2급 王 10획
珠玉(구슬 주, 구슬 옥) ① 구슬과 옥. ② 값지고 귀한 것.
眞珠(참 진, 구슬 주) 진주.

부를 호 / 6급 虍 13획
號令(이름 호, 명령 령) 지휘하여 명령하는 것.
番號(차례 번, 이름 호) 차례를 나타내는 호수.

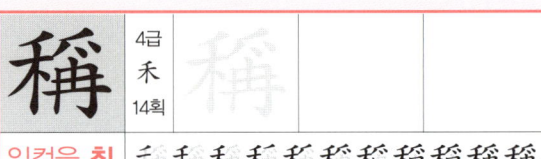

일컬을 칭 / 4급 禾 14획
稱讚(일컬을 칭, 기릴 찬) 높이 평가하여 기림.
稱號(일컬을 칭, 이름 호) 사회적으로 불리는 이름.

클 거 / 4급 工 5획
巨大(클 거, 클 대) 아주 큼.
巨物(클 거, 만물 물) 큰 물건이나 인물.

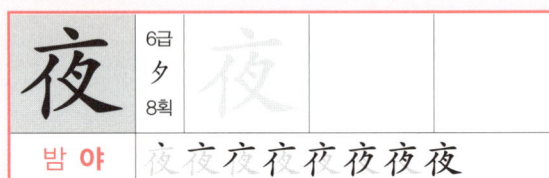

밤 야 / 6급 夕 8획
夜間(밤 야, 사이 간) 밤.
深夜(깊을 심, 밤 야) 깊은 밤.

闕 / 2급 門 18획
대궐 궐
宮闕(집 궁, 대궐 궐) 임금이 거처하는 집.
大闕(큰 대, 대궐 궐) 궁궐.

빛 광 / 6급 儿 6획
光明(빛 광, 밝을 명) 밝고 환함.
觀光(볼 관, 빛 광) 다른 지방이나 나라의 문물을 구경함.

劍號巨闕(검호거궐) : 검(劍) 중에서는 거궐(巨闕)이라는 보검이 이름났으며,
珠稱夜光(주칭야광) : 구슬 중에서는 야광(夜光)이 제일이다.

果는 珍李柰하고 菜는 重芥薑이라

과일로는 오얏과 버찌를 보배롭게 여기고,
채소로는 겨자와 생강을 중요하게 여긴다.

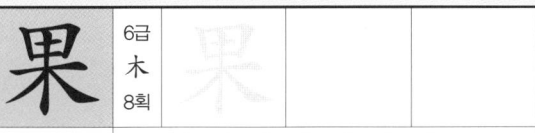

果	6급 木 8획	果			
과실 **과**	果果果果果果果果				
果樹(과실 과, 나무 수) 과일나무. 結果(맺을 결, 과실 과) 열매를 맺는 일.					

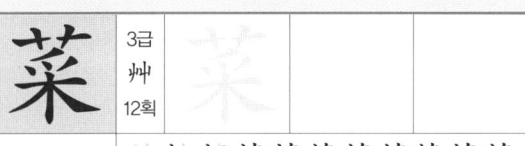

菜	3급 艹 12획	菜			
나물 **채**	菜菜菜菜菜菜菜菜菜菜菜菜				
菜蔬(나물 채, 나물 소) 온갖 푸성귀와 나물. 菜食(나물 채, 먹을 식) 채소를 주로 먹음.					

珍	4급 玉 9획	珍			
보배 **진**	珍珍珍珍珍珍珍珍珍				
珍味(보배 진, 맛 미) 음식의 썩 좋은 맛. 또는, 그런 음식. 珍品(보배 진, 품격 품) 진귀한 물품.					

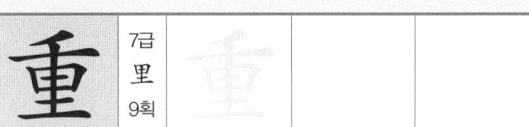

重	7급 里 9획	重			
무거울 **중**	重重重重重重重重重				
輕重(가벼울 경, 무거울 중) 가벼움과 무거움. 重量(무거울 중, 헤아릴 량) 무게.					

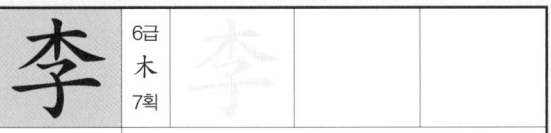

李	6급 木 7획	李			
오얏 **리**	李李李李李李李				
桃李(복숭아 도, 오얏 리) 복숭아와 자두. 行李(갈 행, 오얏 리) 여행용의 짐.					

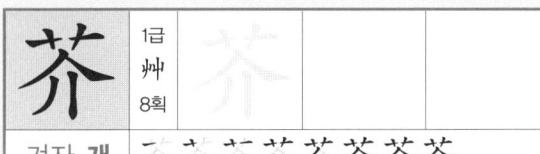

芥	1급 艹 8획	芥			
겨자 **개**	芥芥芥芥芥芥芥芥				
芥子(겨자 개, 아들 자) 개자. 草芥(풀 초, 겨자 개) 풀과 티끌.					

柰	무급 木 9획	柰			
어찌 **내**	柰柰柰柰柰柰柰柰柰				
柰何(어찌 내, 어찌 하) 어찌. 柰落(어찌 내, 떨어질 락) 지옥.					

薑	1급 艹 17획	薑			
생강 **강**	薑薑薑薑薑薑薑薑薑薑薑薑				
乾薑(마를 건, 생강 강) 말린 생강. 生薑(날 생, 생강 강) 생강.					

果珍李柰(과진리내) : 온갖 과일 중에서 오얏과 버찌를 진귀하게 여긴다.
菜重芥薑(채중개강) : 온갖 채소 중에서는 겨자와 생강을 가장 소중하게 여긴다.

海는 鹹하고 河는 淡하며 鱗은 潛하고 羽는 翔이라

바닷물은 짜고 민물은 심심하며,
비늘 달린 물고기는 물속 깊이 잠기고 깃털 달린 새는 날아다닌다.

海路(바다 해, 길 로) 배가 다니는 바다 위의 길. 바닷길. | 海外(바다 해, 바깥 외) 바다의 밖. 바다 밖의 다른 나라.

魚鱗(물고기 어, 비늘 린) 물고기의 비늘.
片鱗(조각 편, 비늘 린) 한 조각의 비늘이라는 뜻으로, 극히 작은 한 부분을 말함.

鹹度(짤 함, 정도 도) 바닷물 속에 들어 있는 소금의 양.
鹹水(짤 함, 물 수) 짠물. 소금물.

潛伏(잠길 잠, 엎드릴 복) 몰래 숨어 있음.
潛水(잠길 잠, 물 수) 물 속에 잠김.

河川(물 하, 내 천) 강과 내.
河口(물 하, 입 구) 바다나 호수로 들어가는 강의 어귀.

羽翼(깃 우, 날개 익) 날개. 주위에서 도와 줌.
羽毛(깃 우, 터럭 모) 새의 깃과 짐승의 털.

淡水(맑을 담, 물 수) ① 맑은 물. ② 짠맛이 없는 물.
淡香(맑을 담, 향기 향) 맑고 산뜻한 향기.

翔空(날 상, 빌 공) 하늘을 날아다님.
飛翔(날 비, 날개 상) 새 · 비행기 등이 공중을 낢.

海鹹河淡(해함하담) : 바닷물은 짜나 민물은 맛도 없고 맑다.
鱗潛羽翔(인잠우상) : 비늘이 있는 물고기는 물속에 잠기고, 날개가 있는 날짐승은 하늘을 난다.

龍師火帝와 鳥官人皇이라

복희씨는 용으로 벼슬 이름을 하였고, 신농씨는 불을 숭상하였으며,
소호씨는 새 이름으로 벼슬 이름을 하였고, 황제는 사람의 문화(文化)를 열었다.

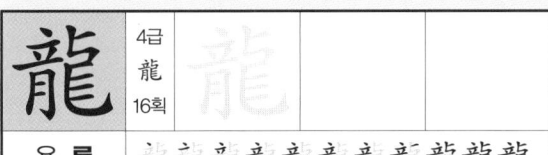

용 **룡**

龍宮(용 용, 집 궁) 용왕이 산다고 하는 바다속의 궁전.
恐龍(놀랄 공, 용 룡) 중생대에 살았던 거대한 파충류.

새 **조**

鳥類(새 조, 같을 류) 새의 종류를 이르는 말.
鳥獸(새 조, 짐승 수) 날짐승과 길짐승.

스승 **사**

師弟(스승 사, 아우 제) 스승과 제자.
師範(스승 사, 법 범) 스승이 될 만한 모범.

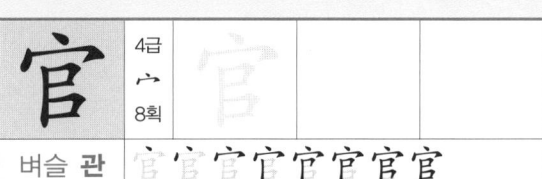

벼슬 **관**

官吏(벼슬 관, 아전 리) 관직이 있는 사람.
官職(벼슬 관, 직분 직) 관리로서의 직무, 또는 그 지위.

불 **화**

火山(불 화, 메 산) 불이 솟아 오르는 산.
火災(불 화, 재앙 재) 불이 나는 재앙.

사람 **인**

人品(사람 인, 품수 품) 사람의 품격.
人格(사람 인, 이를 격) 한 개인으로서 독립할 수 있는 자격.

임금 **제**

帝國(임금 제, 나라 국) 황제가 통치하는 국가.
帝王(임금 제, 임금 왕) 황제. 국왕. 임금.

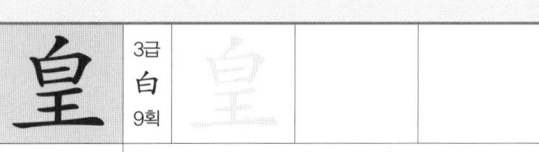

임금 **황**

皇帝(임금 황, 임금 제) 임금. 천자.
皇室(임금 황, 집 실) 황제의 집안. 왕실.

龍師火帝(용사화제) : 중국 고대 왕들에 대한 이야기로 용사(龍師)는 복희씨(伏羲氏)를, 화제(火帝)는 신농씨(新農氏)를 일컫는다.
鳥官人皇(조관인황) : 소호씨(少昊氏)는 새 이름을 써서 벼슬의 명칭을 붙였고, 황제는 인문(人文)을 구비했으므로 인황이라 하였다.

始制文字하고 乃服衣裳이라

비로소 글자를 만들었고, 처음으로 윗옷과 치마를 입었다.

始	6급 女 8획
비로소 시	乚 女 女 始 始 始 始 始

始終(처음 시, 마칠 종) 처음과 끝.
創始(비롯할 창, 처음 시) 일을 처음으로 시작함.

乃	3급 丿 2획
이에 내	乃 乃

乃至(이에 내, 이를 지) 무엇에서 무엇에 이르기까지.
人乃天(사람 인, 이에 내, 하늘 천) 사람이 곧 하늘.

制	4급 刀 8획
지을 제	制 制 누 누 乐 制 制

制度(지을 제, 법도 도) 사회 생활에 필요한 일정한 규칙을 정하여 놓은 것.
制造(지을 제, 만들 조) 만듦.

服	6급 月 8획
입을 복	服 服 服 服 服 服 服

服裝(옷 복, 꾸밀 장) 옷차림.
校服(학교 교, 옷 복) 학교에서 학생들이 입도록 정한 옷.

文	7급 文 4획
글월 문	文 亠 ナ 文

文人(글월 문, 사람 인) 문학에 종사하는 사람.
文字(글월 문, 글자 자) 글자.

衣	6급 衣 6획
옷 의	衣 衣 衣 衣 衣 衣

衣冠(옷 의, 갓 관) 옷과 갓.
衣服(옷 의, 입을 복) 옷.

字	7급 宀 6획
글자 자	字 字 字 字 宀 字

字義(글자 자, 옳을 의) 글자의 뜻.
字解(글자 자, 풀 해) 글자의 풀이.

裳	3급 衣 14획
치마 상	裳 裳 裳 裳 裳 裳 裳 裳 裳

衣裳(옷 의, 치마 상) 저고리와 치마. 옷.
紅裳(붉을 홍, 치마 상) 여자가 입는 붉은 색의 치마.

始制文字(시제문자) : 복희씨(伏羲氏)는 창힐(蒼頡)이라는 사람을 시켜 새의 발자국을 보고 글자를 처음으로 만들었다.
乃服衣裳(내복의상) : 새나 짐승의 가죽으로 몸을 가리던 것을 황제(黃帝) 때에 와서 비로소 호조(胡曹)가 옷을 만들어 입게 하였다.

推位讓國은 有虞陶唐이라

자리를 물려주고 나라를 선양(禪讓)한 왕은
요임금과 순임금이다.

推	4급 手 11획
밀 추	推推推推推推推推推推推

推進(밀 추, 나아갈 진) 목적을 향해 진척시키는 것.
推薦(밀 추, 천거할 천) 적합한 자로 책임지고 소개함.

有	7급 月 6획
있을 유	有有有有有有

有無(있을 유, 없을 무) 있음과 없음.
有功(있을 유, 공 공) 공로가 있음.

位	5급 人 7획
자리 위	位位位位位位位

位置(자리 위, 둘 치) 차지하고 있는 자리.
在位(있을 재, 자리 위) 왕위에 있음. 또는 왕위에 있던 시간.

虞	1급 虍 13획
나라이름 우	虞虞虞虞虞虞虞虞虞虞虞虞虞

虞犯(근심할 우, 범할 범) 죄를 범할 우려가 있음.
虞舜(나라 이름 우, 순임금 순) 순임금.

讓	3급 言 24획
사양할 양	讓讓讓讓讓讓讓讓讓讓讓

讓步(사양할 양, 걸음 보) 남을 위하여 자기의 이익을 희생함.
讓位(사양할 양, 자리 위) 임금의 자리를 물려주는 것.

陶	3급 阝 11획
질그릇 도	陶陶陶陶陶陶陶陶陶陶陶

陶工(질그릇 도, 장인 공) 옹기를 만드는 사람.
陶器(질그릇 도, 그릇 기) 질그릇.

國	8급 囗 11획
나라 국	國國國國國國國國國國國

國家(나라 국, 집 가) 나라.
國旗(나라 국, 기 기) 국가의 표지로 쓰는 기.

唐	3급 口 10획
당나라 당	唐唐唐唐唐唐唐唐唐唐

唐突(당황할 당, 부딪칠 돌) 올차고 다부져 거리끼는 마음이 없음.
唐詩(당나라 당, 시 시) 당나라 시인이 지은 시.

推位讓國(추위양국) : 요임금과 순임금은 자식에게 왕위를 물려주지 않고, 초야에 묻혀있는 인재를 발탁하여 자리를 물려주었기에, 나라를 선양(禪讓)한 왕은
有虞陶唐(유우도당) : 유우(有虞), 곧 순(舜)임금과 도당(陶唐) 곧, 요(堯) 임금이다.

弔民伐罪는 周發殷湯하니라

백성들을 위로하고 죄지은 사람을 친 것은,
주나라 무왕 발과 은나라 탕임금이다.

弔	3급 弓 4획
조상할 조	弔 弔 弓 弔

弔問(조상할 조, 물을 문) 조상하는 뜻을 나타내며 상주를 위문함. | 弔喪(조상할 조, 읽을 상) 죽은 사람에 대하여 슬퍼하는 뜻을 표함.

周	4급 口 8획
두루 주	周 刀 月 冃 冃 周 周 周

周到(두루 주, 이를 도) 빈틈 없이 두루 찬찬함.
周圍(두루 주, 둘레 위) 둘레.

民	8급 氏 5획
백성 민	民 民 民 民 民

民間(백성 민, 사이 간) 일반 서민의 사회.
民心(백성 민, 마음 심) 백성의 마음.

發	6급 癶 12획
필 발	發

發着(필 발, 붙을 착) 출발과 도착.
發起(필 발, 일어날 기) 새로 일을 꾸며 냄.

伐	4급 人 6획
칠 벌	伐 伐 仁 代 伐 伐

伐木(칠 벌, 나무 목) 나무를 벰.
伐草(칠 벌, 풀 초) 무덤의 잡초를 베어 깨끗이 함.

殷	2급 殳 10획
성할 은	殷

殷富(나라 은, 부유할 부) 재물이 넉넉하고 번영함.
殷賑(나라 은, 넉넉할 진) 매우 번창함.

罪	5급 网 13획
허물 죄	罪 罪 罪 罪 罪 罪 罪 罪 罪

罪囚(허물 죄, 가둘 수) 죄를 지어 교도소에 갇힌 사람.
罪惡(허물 죄, 악할 악) 죄가 될 만한 악한 짓.

湯	3급 水 12획
끓을 탕	湯

湯藥(끓을 탕, 약 약) 달여서 먹는 약.
熱湯(더울 열, 끓을 탕) 뜨겁게 끓인 물이나 국.

弔民伐罪(조민벌죄) : 괴로운 일을 당한 백성을 위로 하고, 죄를 지은 사람은 벌을 주었다.
周發殷湯(주발은탕) : 주(周)나라 무왕(武王)과 은(殷)나라 탕왕(湯王)은 포악한 성격으로 백성을 괴롭히던 은나라 주왕(紂王)과 하(夏)나라 걸왕(桀王)을 쳐서 몰아냈다.

坐朝問道하고 垂拱平章이라

조정에 앉아 도(道)를 묻고,
옷자락을 드리우고 팔짱만 끼고 있어도 잘 다스려진다.

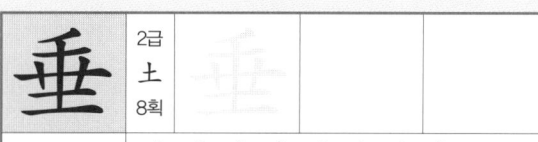

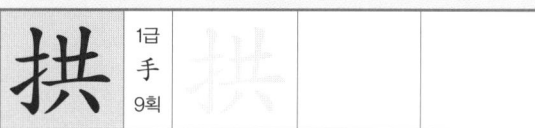

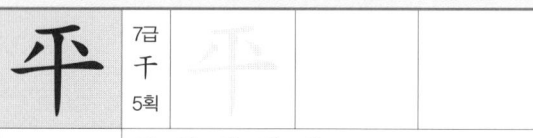

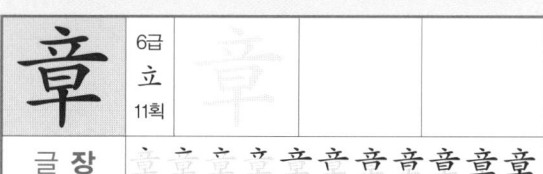

坐朝問道(좌조문도) : 어진 임금은 조정에 앉아 나라를 다스리는 법을 의논하고 중대한 나랏일을 덕망 있는 신하에게 물어본다.
垂拱平章(수공평장) : 임금이 몸을 공손히 하고 어진 사람을 존경하면 옷자락을 드리우고 가만 있어도 저절로 정치가 잘 된다.

愛育黎首하고 臣伏戎羌하라

백성을 사랑하여 기르고, 오랑캐들도 신하가 되어 복종한다.

愛	6급 心 13획		
아낄 애			

愛國(사랑할 애, 나라 국) 자기 나라를 사랑하는 것.
友愛(벗 우, 사랑할 애) ① 형제 간의 정. ② 친구 간의 정.

臣	5급 臣 6획		
신하 신			

臣下(신하 신, 아래 하) 신하.
忠臣(충성할 충, 신하 신) 충성된 신하.

育	7급 肉 8획		
기를 육			

育成(기를 육, 이룰 성) 길러서 자라게 함.
育兒(기를 육, 아이 아) 아이를 기르는 일.

伏	4급 人 6획		
엎드릴 복			

伏兵(엎드릴 복, 군사 병) 요긴한 길목에 군사를 숨겨둠. 또는 그 군사.
降伏(내릴 항, 엎드릴 복) 패배하여 굴복함.

黎	1급 黍 12획		
검을 려			

黎明(검을 여, 밝을 명) 희미하게 날이 밝을 무렵.
黎民(검을 여, 백성 민) 백성.

戎	1급 戈 6획		
오랑캐 융			

戎兵(오랑캐 융, 군사 병) 군병. 병사.
戎車(오랑캐 융, 수레 거) 싸움에 쓰는 수레.

首	5급 首 9획		
머리 수			

首席(머리 수, 자리 석) 맨 앞 자리.
首腦(머리 수, 뇌 뇌) 중요한 자리를 맡은 사람.

羌	무급 羊 8획		
오랑캐 강			

羌桃(오랑캐 강, 복숭아 도) 호두.
羌夷(오랑캐 강, 오랑캐 이) 중국 서쪽에 살던 민족의 이름.

愛育黎首(애육려수) : 백성은 나라의 근본이므로, 임금은 사랑과 덕으로 백성을 길러주어야 한다.
臣伏戎羌(신복융강) : 이와 같이 나라를 잘 다스리면 사방의 오랑캐들도 모두 와서 복종하게 된다.

遐邇壹體하여 率賓歸王이라

멀고 가까운 데를 똑같은 것으로 보아
거느리고 와서 천자에게 귀의한다.

遐	1급 辶 13획			
멀 하	丁 F F F 段 段 段 叚 叚 叚 遐 遐 遐			
遐年(멀 하, 해 년) 오래 사는 것. 장수. 遐邇(멀 하, 가까울 이) 먼 곳과 가까운 곳.				

率	3급 玄 11획			
거느릴 솔	率 率 亠 玄 玄 玄 㳯 㳯 㳯 率 率			
率先(거느릴 솔, 먼저 선) 남보다 앞장 서서 하는 것. 率直(거느릴 솔, 바를 직) 거짓이나 꾸밈이 없고 바른 성격.				

邇	무급 辶 18획			
가까울 이	邇 邇 彳 而 爾 爾 爾 邇 邇 邇			
邇來(가까울 이, 올 래) 근래. 그때부터 지금까지. 邇言(가까울 이, 말씀 언) 보통에 가까운 일반적인 말.				

賓	3급 貝 14획			
손 빈	賓 賓 賓 賓 宀 宀 宐 宐 宿 賓			
賓客(손님 빈, 손님 객) 점잖은 손님. 貴賓(귀할 귀, 손님 빈) 귀한 손님.				

壹	3급 士 12획			
하나 일	壹 壹 壹 壹 壹 壹 壹 壹 壹			
壹是(한 일, 이 시) 오로지 모두. 均壹(고를 균, 한 일) 한결같이 고름.				

歸	4급 止 18획			
돌아갈 귀	歸 歸 歸 歸 歸 歸 歸 歸 歸 歸 歸			
歸路(돌아갈 귀, 길 로) 돌아가는 길. 歸國(돌아갈 귀, 나라 국) 외국에서 자기 나라로 돌아가는 것.				

體	6급 骨 23획			
몸 체	體 體 體 骨 骨 骨 體 體 體 體			
體熱(몸 체, 더울 열) 몸에서 나는 열. 身體(몸 신, 몸 체) 신체. 몸.				

王	8급 王 4획			
임금 왕	王 王 王 王			
王族(임금 왕, 무리 족) 임금의 일가. 王命(임금 왕, 분부 명) 왕의 명령.				

遐邇壹體(하이일체) : 멀리 있는 나라나 가까이 있는 나라를 모두 똑같이 여긴다.
率賓歸王(솔빈귀왕) : 덕화(德化)가 멀리 미치게 되면 서로 거느리고 와서 복종하여 그에게 귀의한다.

鳴鳳은 在樹하고 白駒는 食場이라

우는 봉황새는 나무에 깃들어 있고, 흰 망아지는 마당에서 풀을 뜯는다.

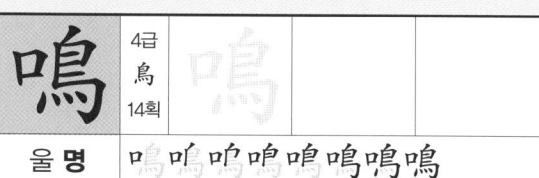

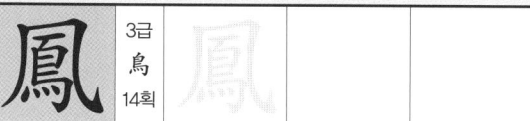

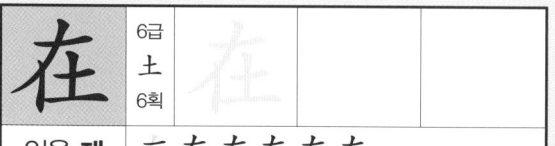

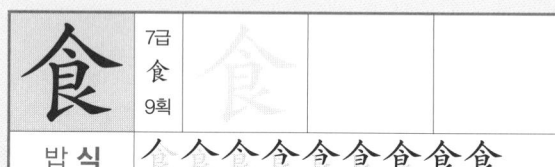

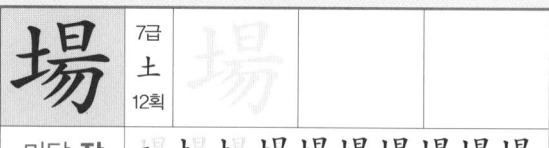

鳴鳳在樹(명봉재수) : 훌륭한 임금과 어진 사람이 나타나면 그 덕이 미치는 곳마다 봉황이 나무 위에서 운다.
白駒食場(백구식장) : 어진 사람이 임금님과 나랏일을 논의하고, 그가 타고 온 흰 망아지는 마당에서 풀을 뜯는다.

化는 被草木하고 賴는 及萬方하나니라

덕화(德化)는 풀과 나무에까지 미치고, 힘입음이 온 누리에 미친다.

化 - 5급, 匕, 4획
될 화 ｜ 化化化化

化學(될 화, 배울 학) 물질의 성질 및 변화를 연구하는 학문.
敎化(가르칠 교, 될 화) 가르쳐서 감화시킴.

賴 - 3급, 貝, 16획
힘입을 뢰 ｜ 賴賴賴賴賴賴賴賴賴賴

依賴(의지할 의, 힘입을 뢰) 남에게 부탁하거나 의지함.
信賴(믿을 신, 힘입을 뢰) 믿고 의지함.

被 - 3급, 衣, 10획
입을 피 ｜ 被被被被被被被被被被

被害(입을 피, 해할 해) 해를 입음. 또는 그 해.
被服(입을 피, 옷 복) 옷.

及 - 3급, 又, 4획
미칠 급 ｜ 及及乃及

及第(미칠 급, 차례 제) 시험에 합격하는 것.
言及(말씀 언, 미칠 급) 어떤 일에 대하여 말함.

草 - 7급, 艸, 10획
풀 초 ｜ 草草草草草草草草草草

草木(풀 초, 나무 목) 풀과 나무.
煙草(연기 연, 풀 초) 담배.

萬 - 8급, 艸, 13획
일만 만 ｜ 萬萬萬萬萬萬萬萬萬萬

萬能(일만 만, 능할 능) 모든 일에 능함.
萬物(일만 만, 사물 물) 세상에 있는 모든 것.

木 - 8급, 木, 4획
나무 목 ｜ 木木木木

木材(나무 목, 재료 재) 재료로서의 나무.
木刻(나무 목, 새길 각) 나무에 새김.

方 - 7급, 方, 4획
모 방 ｜ 方方方方

方向(모 방, 향할 향) 방향.
方案(모 방, 안건 안) 일을 처리할 방법이나 방도에 관한 안.

化被草木(화피초목) : 그 교화(敎化)는 사람이나 짐승뿐 아니라 풀과 나무들까지도 입게 된다.
賴及萬方(뇌급만방) : 온 세상 만물들에까지 그 덕이 고르게 미친다.

蓋此身髮은 四大五常이라

무릇 이 몸과 터럭은 네 가지 큰 것과 다섯 가지 떳떳함이 있다.

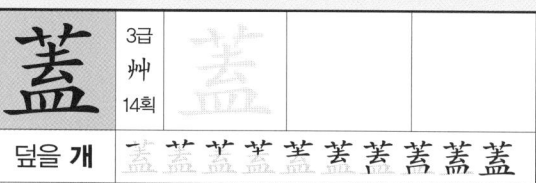

蓋然(덮을 개, 그럴 연) 그렇게 되리라고 추측됨.
覆蓋(덮을 복, 덮을 개) 덮개를 덮음.

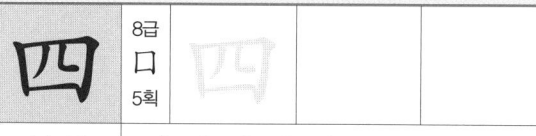

四季(넉 사, 철 계) 봄, 여름, 가을, 겨울의 네 계절.
四方(넉 사, 모 방) 동, 서, 남, 북의 네 방위.

此後(이 차, 뒤 후) 지금 이후.
彼此(저 피, 이 차) 저것과 이것. 저편과 이편.

大望(클 대, 바랄 망) 큰 희망.
大成(클 대, 이룰 성) 크게 이룸.

身分(몸 신, 나눌 분) 개인의 사회적인 지위.
全身(온전 전, 몸 신) 몸 전체.

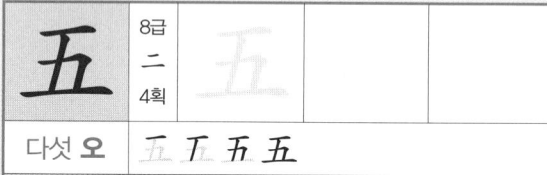

五味(다섯 오, 맛 미) 다섯 가지 맛. 신맛·쓴맛·매운맛·단맛·짠맛. | 五色(다섯 오, 색 색) 다섯 가지 빛깔. 파랑·노랑·빨강·하양·검정.

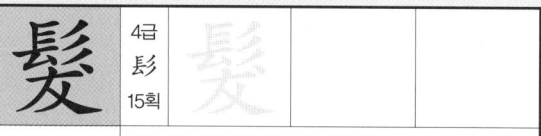

毛髮(터럭 모, 터럭 발) 머리털.
理髮(다스릴 리, 터럭 발) 머리를 깎음.

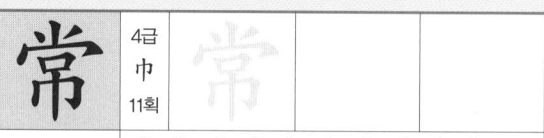

常住(떳떳할 상, 머무를 주) 항상 거주함.
常識(떳떳할 상, 알 식) 보통 사람이 지녀야 할 지식.

蓋此身髮(개차신발) : 무릇 사람이 신체(身體), 모발(毛髮), 피부(皮膚)를 갖추고 있는 것은 그렇게 된 까닭이 있는 것이다.
四大五常(사대오상) : 네 가지 큰 것과 다섯 가지 떳떳함이 있으니, 즉 사대는 하늘·땅·임금·부모이며, 오상은 인(仁)·의(義)·예(禮)·지(智)·신(信)이다.

恭惟鞠養하니 豈敢毀傷이리오

공손히 길러 주신 것을 생각할지니,
어찌 함부로 헐고 다치게 할 수 있으랴.

恭 (공손할 공) — 3급, 心, 10획
恭敬(공손할 공, 공경할 경) 삼가고 존경함.
恭待(공손할 공, 기다릴 대) 상대자를 공손하게 대우함.

豈 (어찌 기) — 3급, 豆, 10획
豈可(어찌 기, 가할 가) 어찌 할 수 있는가? 해서는 안 됨.
豈敢(어찌 기, 감히 감) 어찌 감히.

惟 (오직 유) — 3급, 心, 11획
惟獨(오직 유, 홀로 독) 오직 홀로.
思惟(생각 사, 오직 유) 생각하는 것.

敢 (굳셀 감) — 4급, 攵, 12획
敢行(감히 감, 행할 행) 어려움을 무릅쓰고 행함.
勇敢(용감할 용, 굳셀 감) 씩씩하고 굳셈.

鞠 (기를 국) — 2급, 革, 17획
鞠躬(기를 국, 몸 궁) 존경의 뜻으로 몸을 굽혀 절함.
鞠育(기를 국, 기를 육) 어린아이를 기름.

毀 (헐 훼) — 3급, 殳, 13획
毀謗(헐 훼, 나무랄 방) 남의 일을 방해하는 것.
毀損(헐 훼, 덜 손) 헐어서 못쓰게 되는 것.

養 (기를 양) — 5급, 食, 15획
養成(기를 양, 이룰 성) 인재를 길러 냄.
養育(기를 양, 기를 육) 어린이를 길러 자라게 함.

傷 (상할 상) — 4급, 人, 13획
傷處(상할 상, 곳 처) 부상을 입은 자리.
傷害(상할 상, 해할 해) 상처를 내어 해를 입히는 것.

恭惟鞠養(공유국양) : 이 몸은 부모님이 키워 주신 것이니 공손히 기르신 은혜를 생각하라.
豈敢毀傷(기감훼상) : 어찌 감히 부모가 낳아 길러주신 몸을 헐고 상하게 하겠는가.

女는 慕貞烈하고 男은 效才良하니라

여자는 지조가 곧고 굳셈을 그리워하고,
남자는 재주와 어짊을 본받아야 한다.

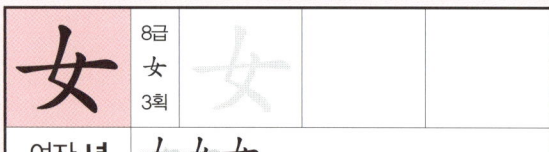

女 8급 女 3획
여자 녀 ㄑ 女 女
女性(여자 여, 성품 성) 성별이 여자인 사람.
子女(아들 자, 딸 녀) 아들과 딸.

男 7급 田 7획
사내 남 男 男 男 男 男 男 男
男妹(사내 남, 누이 매) 오라비와 누이.
男兒(사내 남, 아이 아) 남자 아이.

慕 3급 心 15획
사모할 모 慕 慕 茻 茻 莫 莫 莫 慕 慕
思慕(생각 사, 사모할 모) 생각하고 그리워함.
愛慕(사랑 애, 사모할 모) 사랑하여 그리워함.

效 5급 攵 10획
본받을 효 效 效 亠 亠 亥 亥 效 效 效 效
效果(본받을 효, 과실 과) 본받을 만한 결과.
效用(본받을 효, 쓸 용) 효험. 보람 있는 소용.

貞 3급 貝 9획
곧을 정 貞 貞 卢 卢 卢 貞 貞 貞 貞
貞淑(곧을 정, 맑을 숙) 몸가짐이 조촐하고 얌전함.
貞操(곧을 정, 잡을 조) 여자의 곧은 절개.

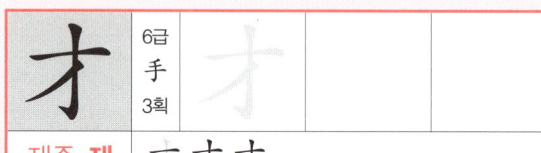

才 6급 手 3획
재주 재 才 才 才
才能(재주 재, 능할 능) 타고난 능력.
秀才(빼어날 수, 재주 재) 빼어난 재주.

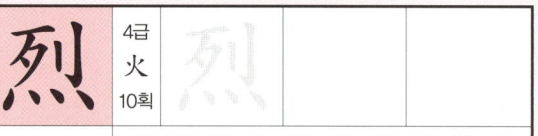

烈 4급 火 10획
매울 렬 烈 歹 歹 列 列 列 烈 烈 烈
烈士(매울 열, 선비 사) 의를 굳게 지키는 사람.
烈女(매울 열, 여자 녀) 정절이 곧은 여자.

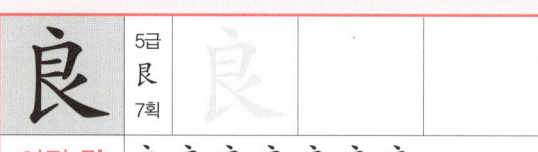

良 5급 艮 7획
어질 량 良 亠 亠 크 良 良 良
良民(어질 양, 백성 민) 선량한 백성.
改良(고칠 개, 어질 량) 고치어 더 좋게 하는 것.

女慕貞烈(여모정렬) : 여자는 행실이나 지조가 곧고 매음을 사모해야 한다.
男效才良(남효재량) : 남자는 재주와 지혜가 뛰어나고 충성스럽고 어진 사람을 본받아야 한다.

知過면 必改하고 得能이면 莫忘하라

허물을 알면 반드시 고쳐야 하고, 할 수 있게 되면 잊지 않아야 한다.

知	5급 矢 8획		
알 지			
知識(알 지, 알 식) 체계화된 인식. 感知(느낄 감, 알 지) 느껴서 알게 됨.			

得	4급 彳 11획		
얻을 득			
得失(얻을 득, 잃을 실) 얻음과 잃음. 이득과 손실. 得票(얻을 득, 표 표) 투표에서 얻은 표수.			

過	5급 辶 13획		
지날 과			
過誤(허물 과, 그릇할 오) 허물 있고 그릇됨. 功過(공 공, 허물 과) 공로와 과오.			

能	5급 肉 10획		
능할 능	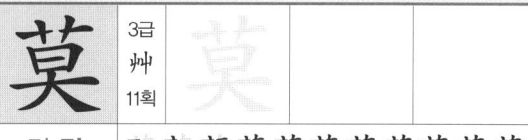		
能率(능할 능, 비율 률) 일정한 동안에 이룰 수 있는 일의 비율. 能力(능할 능, 힘 력) 어떤 일을 할 수 있는 힘.			

必	5급 心 5획		
반드시 필	必 ソ 必 必 必		
必須(반드시 필, 모름지기 수) 모름지기 있어야 함. 必讀(반드시 필, 읽을 독) 반드시 읽어야 함.			

莫	3급 艹 11획		
말 막	莫莫莫莫莫莫莫莫莫莫		
莫上(말 막, 윗 상) 더 위는 없음. 莫强(말 막, 강할 강) 더할 수 없이 강함.			

改	5급 攵 7획		
고칠 개	改改改改改改改		
改善(고칠 개, 착할 선) 잘못을 고쳐 잘 되게 함. 改心(고칠 개, 마음 심) 마음을 고쳐 먹음.			

忘	3급 心 7획		
잊을 망	忘忘忘忘忘忘忘		
忘年(잊을 망, 해 년) 그 해의 온갖 괴로움을 잊음. 備忘(갖출 비, 잊을 망) 잊어버리지 않기 위한 대비.			

知過必改(지과필개) : 사람에게는 누구나 허물이 있으니, 그것을 알면 반드시 고쳐야 한다.
得能莫忘(득능막망) : 스스로 능함을 얻으면, 그것을 잊지 않도록 해야 한다.

罔談彼短하고 靡恃己長하라

남의 모자란 점을 말하지 말고, 자기의 좋은 점을 믿지 마라.

罔 3급 网 8획 말 **망** 罔極(없을 망, 지극할 극) 은혜나 슬픔이 그지 없음. 欺罔(속일 기, 속일 망) 남을 속임.	**靡** 1급 非 19획 없을 **미** 靡寧(아닐 미, 편안할 령) 어른이 병으로 인하여 편안치 못함. ｜ 風靡(바람 풍, 쓰러질 미) 초목이 바람이 불리는 쪽으로 쏠림. 유행함.
談 5급 言 15획 말씀 **담** 談笑(말씀 담, 웃을 소) 웃으면서 이야기하는 것. 美談(아름다울 미, 말씀 담) 후세에 전할 만한 아름다운 이야기.	**恃** 무급 心 9획 믿을 **시** 恃賴(믿을 시, 의지할 뢰) 믿고 의지함. 恃險(믿을 시, 험할 험) 험한 지형에 의지함.
彼 3급 彳 8획 저 **피** 彼我(저 피, 나 아) 저편과 이편. 남과 나. 彼此(저 피, 이 차) 이것과 저것.	**己** 5급 己 3획 몸 **기** 自己(스스로 자, 몸 기) 저. 제 몸. 知己(알 지, 몸 기) 자기를 진정으로 알아주는 벗.
短 6급 矢 12획 짧을 **단** 短見(짧을 단, 볼 견) 짧은 식견이나 소견. 短命(짧을 단, 목숨 명) 목숨이 짧음.	**長** 8급 長 8획 긴 **장** 長短(긴 장, 짧을 단) 길고 짧음. 長久(긴 장, 오랠 구) 매우 길고 오램.

罔談彼短(망담피단) : 다른 사람의 단점을 말하지 않는다.
靡恃己長(미시기장) : 자기의 장점을 믿지 말아야 한다.

信은 使可覆이오 器는 欲難量이니라

약속은 실천할 수 있게 하고, 그릇은 헤아리기 어렵게끔 되고자 하라.

信	6급 / 人 / 9획	
믿을 신	信信信信信信信信信	

信念(믿을 신, 생각할 념) 굳게 믿는 마음.
信賴(믿을 신, 의지할 뢰) 믿고 의지함.

器	4급 / 口 / 16획	
그릇 기	器器器器器器器器	

器量(그릇 기, 헤아릴 량) 사람이 지닌 도량.
食器(먹을 식, 그릇 기) 음식을 담은 그릇.

使	6급 / 人 / 8획	
부릴 사	使使使使使使使使	

使命(하여금 사, 목숨 명) 자기에게 부과된 직무.
使用(부릴 사, 쓸 용) 부리어 씀.

欲	3급 / 欠 / 11획	
하고자할 욕	欲欲欲欲欲欲欲欲欲欲欲	

欲求(하고자할 욕, 구할 구) 무엇을 얻거나 하고자 바라는 것.
欲望(하고자할 욕, 바랄 망) 무엇을 하고자 하는 바람.

可	5급 / 口 / 5획	
옳을 가	可可可可可	

可決(옳을 가, 결단할 결) 회의에서 옳다고 결정함.
可否(옳을 가, 아니 부) 옳고 그름.

難	4급 / 隹 / 19획	
어려울 난	難難難難難難難難難難	

難忘(어려울 난, 잊을 망) 잊기 어려움.
難色(어려울 난, 빛 색) 어려워하여 꺼리는 기색.

覆	2급 / 襾 / 18획	
덮을 복	覆覆覆覆覆覆覆覆覆	

覆蓋(덮을 복, 덮을 개) 뚜껑이나 덮개를 덮음.
覆面(덮을 복, 얼굴 면) 얼굴을 가림.

量	5급 / 里 / 12획	
헤아릴 량	量量量量量量量量量	

重量(무거울 중, 양 량) 무게.
計量(셀 계, 헤아릴 량) 분량이나 무게를 재는 것.

信使可覆(신사가복) : 약속할 때에는 그 약속한 말을 실천할 수 있게끔 한다.
器欲難量(기욕난량) : 그릇 곧, 도량(度量)은 다른 사람들이 헤아리기 어려운 정도가 되고자 해야 한다.

墨은 悲絲染하고 詩는 讚羔羊이라

묵자(墨子)는 흰 실이 물드는 것을 보고 슬퍼하였고,
시(詩)에서는 고양편(羔羊篇)을 기렸느니라.

墨	3급 土 15획
먹 묵	墨墨墨墨墨墨黑黑黑墨墨

墨畵(먹 묵, 그림 화) 먹으로 그린 그림.
筆墨(붓 필, 먹 묵) 붓과 먹.

詩	4급 言 13획
글 시	詩詩詩詩詩詩詩詩

詩人(글 시, 사람 인) 시를 잘 짓는 사람.
詩集(글 시, 모을 집) 시를 모아 엮은 책.

悲	4급 心 12획
슬플 비	丿丿丿非非非悲悲悲

悲歌(슬플 비, 노래 가) 슬픈 노래.
悲痛(슬플 비, 아플 통) 몹시 슬프고 가슴이 아픔.

讚	4급 言 26획
기릴 찬	讚讚讚讚讚讚讚讚讚讚

讚歌(기릴 찬, 노래 가) 기리어 칭찬하는 노래.
讚美(기릴 찬, 아름다울 미) 아름다움을 기림.

絲	4급 糸 12획
실 사	絲絲絲絲絲絲絲絲

絲雨(실 사, 비 우) 실처럼 가늘게 내리는 비.
絹絲(비단 견, 실 사) 비단 따위를 짜는 명주실.

羔	무급 羊 10획
염소 고	羔羔羔羔羔羔羔羔羔

羔羊(염소 고, 양 양) 어린 양.
羔肉(염소 고, 고기 육) 염소 고기.

染	3급 木 9획
물들일 염	染染染染染染染染

染色(물들일 염, 빛 색) 색소를 물들이는 것.
染料(물들일 염, 헤아릴 료) 물들이는 색소가 되는 물질.

羊	4급 羊 6획
양 양	羊羊羊羊羊羊

羊皮(양 양, 가죽 피) 양의 가죽.
羊毛(양 양, 털 모) 양의 털.

墨悲絲染(묵비사염) : 묵자(墨子)는 흰 실에 검은 물이 들어 검어지면 다시 희어지지 못함을 슬퍼하였다.
詩讚羔羊(시찬고양) : 시경(詩經) 고양(羔羊)편에는 문왕(文王)에 감화되어 관리들은 청렴하고 백성들은 어린 양같이 온순했다고 찬미(讚美)하였다.

景行은 維賢이요 克念은 作聖이니라

큰 도(道)를 행하면 어진 사람이 되니,
능히 생각하면 성인(聖人)이 될 수 있다.

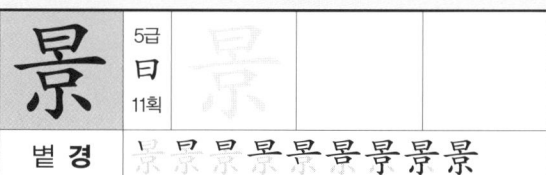

景	5급 / 日 / 11획		
볕 경	景景景景景景景景景景景		

景勝(볕 경, 이길 승) 경치가 좋은 곳.
景致(볕 경, 이룰 치) 자연의 아름다운 모습.

克	3급Ⅱ / 儿 / 9획		
이길 극	克克克克克克克克克		

克己(이길 극, 몸 기) 자기의 욕망·충동 등을 눌러 이김.
克服(이길 극, 복종할 복) 어려움을 이겨냄.

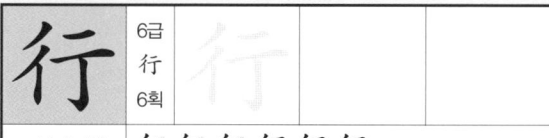

行	6급 / 行 / 6획		
다닐 행	行行行行行行		

行動(행할 행, 움직일 동) 동작을 하여 행하는 일.
行路(행할 행, 길 로) 사람이 다니는 길.

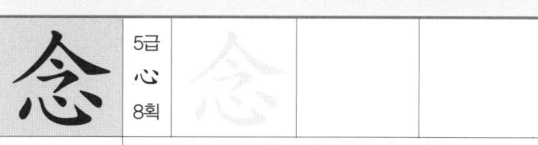

念	5급 / 心 / 8획		
생각할 념	念念念念念念念念		

想念(생각할 상, 생각 념) 마음 속에 품은 여러 가지 생각.
念慮(생각할 염, 생각 깊을 려) 걱정하여 깊이 생각함.

維	3급 / 糸 / 14획		
맬 유	維維維維維維維維維		

維持(맬 유, 가질 지) 그대로 보전하여 지탱함.
維新(맬 유, 새 신) 묵은 제도를 새롭게 고침.

作	6급 / 人 / 7획		
지을 작	作作作作作作作		

作家(지을 작, 집 가) 예술품을 창작하는 일에 종사하는 사람.
力作(힘 력, 지을 작) 힘을 다하여 만든 작품.

賢	4급 / 貝 / 15획		
어질 현	賢賢賢賢賢賢賢賢賢賢		

賢明(어질 현, 밝을 명) 어질고 사리에 밝음.
賢人(어질 현, 사람 인) 어진 사람.

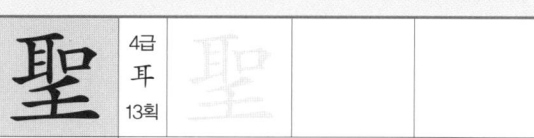

聖	4급 / 耳 / 13획		
성인 성	聖聖聖聖聖聖聖聖		

聖書(성인 성, 글 서) 성경책.
聖賢(성인 성, 어질 현) 성인과 현인.

景行維賢(경행유현) : 큰 도(道)를 실천하면 어진 사람이 된다.
克念作聖(극념작성) : 능히 제대로 생각하면 성인(聖人)이 될 수 있다.

德建이면 名立하고 形端이면 表正하니라

덕이 세워지면 이름이 서고, 용모가 단정하면 겉모습도 똑바르게 된다.

德	5급 彳 15획		
큰 덕	德德德德德德德德德		
德望(큰 덕, 바랄 망) 덕을 행함으로 얻은 명망. 德行(큰 덕, 행할 행) 덕을 행함.			

形	6급 彡 7획		
형상 형	形形形形形形形		
形象(형상 형, 모양 상) 모양. 생김새. 形態(형상 형, 모양 태) 사물의 생김새.			

建	5급 廴 9획		
세울 건	建建建建建建建建建		
建築(세울 건, 지을 축) 건물을 세우거나 지음. 建國(세울 건, 나라 국) 나라를 세움.			

端	4급 立 14획		
끝 단	端端端端端端端端端		
端緖(끝 단, 실마리 서) 일의 처음이나 실마리. 端正(바를 단, 바를 정) 바르고 얌전함.			

名	7급 口 6획		
이름 명	名名名名名名		
名曲(이름 명, 악곡 곡) 이름난 악곡이나 노래. 名譽(이름 명, 기릴 예) 사람에 대하여 사회적으로 받는 높은 평가.			

表	6급 衣 8획		
겉 표	表表表表表表表表		
表裏(겉 표, 속 리) 겉과 속. 表記(겉 표, 기록할 기) 표시하여 기록함.			

立	7급 立 5획		
설 립	立立立立立		
立法(설 입, 법 법) 법을 제정하는 것. 立案(설 입, 안건 안) 안건을 정하는 것.			

正	7급 止 5획		
바를 정	正正正正正		
正當(바를 정, 마땅 당) 바르고 옳음. 이치에 합당함. 正義(바를 정, 옳을 의) 바르고 옳은 일.			

德建名立(덕건명립) : 덕으로써 모든 일을 실행하여 확고하게 되면 자연히 명예도 알려지게 된다.
形端表正(형단표정) : 용모가 단정하면 겉으로 드러난 행동이나 태도도 바르게 된다.

空谷에 傳聲하고 虛堂에 習聽하니라

빈 골짜기에는 소리가 전해지고, 빈 집에서는 들음을 익힌다.

空	7급 穴 8획	空
빌 공	空空空空空空空空	

空欄(빌 공, 난간 란) 빈 난.
空間(빌 공, 사이 간) 빈 곳.

虛	4급 虍 12획	虛
빌 허	虛虛虛虛虛虛虛虛虛虛虛虛	

虛實(빌 허, 열매 실) 거짓과 참. 공허와 충실.
虛構(빌 허, 지을 구) 실지로 있는 것처럼 꾸밈.

谷	3급 谷 7획	谷
골 곡	谷谷谷谷谷谷谷	

溪谷(시내 계, 골짜기 곡) 물이 흐르는 골짜기.
深谷(깊을 심, 골짜기 곡) 깊은 골짜기.

堂	6급 土 11획	堂
집 당	堂堂堂堂堂堂堂堂堂堂堂	

祠堂(사당 사, 집 당) 조상의 신주를 모셔놓은 집.
食堂(먹을 식, 집 당) 식사를 할 수 있게 만든 집.

傳	5급 人 13획	傳
전할 전	傳傳傳傳傳傳傳傳傳傳傳傳傳	

傳染(전할 전, 물들 염) ① 병이 옮음. ② 옮아 물듦.
傳統(전할 전, 거느릴 통) 계통적으로 전함.

習	6급 羽 11획	習
익힐 습	習習習習習習習習習習習	

學習(배울 학, 익힐 습) 배워서 익히는 것.
習作(익힐 습, 지을 작) 시, 소설 등을 연습삼아 짓는 것.

聲	4급 耳 17획	聲
소리 성	聲聲聲聲聲聲聲聲聲聲聲聲聲聲聲聲聲	

聲調(소리 성, 고를 조) 목소리와 가락.
聲價(소리 성, 값 가) 좋은 소문이나 평판.

聽	4급 耳 22획	聽
들을 청	聽聽聽聽聽聽聽聽聽聽聽聽	

聽講(들을 청, 강론할 강) 강의를 들음.
聽衆(들을 청, 무리 중) 연설·강연·설교 따위를 듣는 군중.

空谷傳聲(공곡전성) : 빈 골짜기에서 소리치면 메아리가 울려 그 소리가 그대로 전해진다.
虛堂習聽(허당습청) : 빈 집에서 소리가 있으면 듣는 것을 익힐 수 있다.

禍는 因惡積이요 福은 緣善慶이라

언짢은 일은 악한 일이 쌓인 데서 인연하고,
복은 착한 일의 경사로움에서 인연한다.

禍	3급 示 14획	
재앙 화	禍禍禍禍禍禍禍禍	

禍根(재앙 화, 뿌리 근) 재앙의 근원.
禍厄(재앙 화, 재앙 액) 재앙, 재난.

福	5급 示 14획	
복 복	福福福福福福福福福	

福音(복 복, 소리 음) 기쁜 소식.
祝福(빌 축, 복 복) 복을 빌어주는 것.

因	5급 口 6획	
인할 인	因因因因因因	

因果(인할 인, 결과 과) 원인과 결과.
因緣(인할 인, 인연 연) 연분.

緣	4급 糸 15획	
인연 연	緣緣緣緣緣緣緣緣緣緣	

緣由(인연 연, 까닭 유) 일의 까닭.
緣邊(인연 연, 둘레 변) 바깥 둘레.

惡	5급 心 12획	
악할 악	惡惡惡惡惡惡惡惡惡	

惡毒(악할 악, 독할 독) 모질고 혹독함.
惡法(악할 악, 법 법) 사회에 해를 끼치는 법률.

善	5급 口 12획	
착할 선	善善善善善善善善善	

善良(착할 선, 어질 량) 착하고 어짊.
善惡(착할 선, 악할 악) 착한 것과 악한 것.

積	4급 禾 16획	
쌓을 적	積積積積積積積積積	

積金(쌓을 적, 쇠 금) 돈을 모아 두는 것. 또는 그 돈.
累積(얽힐 누, 쌓을 적) 포개어 쌓거나 쌓이는 일.

慶	4급 心 15획	
경사 경	慶慶慶慶慶慶慶慶慶慶	

慶事(경사 경, 일 사) 크게 기쁜 일.
慶祝(경사 경, 빌 축) 크게 기쁘고 즐거워 축하함.

禍因惡積(화인악적) : 화는 악을 쌓았기 때문에 일어나는 것이다.
福緣善慶(복연선경) : 복은 착한 일을 쌓은 뒤의 경사스러운 일에서 온다.

尺璧은 非寶이니 寸陰을 是競하라

한 자 되는 구슬이 보배는 아니니, 짧은 시간이라도 아껴야 한다.

尺	3급 尸 4획
자 척	尺 コ 尸 尺

尺度(자 척, 법 도) ① 자로 재는 길이의 표준. ② 양을 재는 기준.
尺土(자 척, 흙 토) 얼마 안 되는 땅.

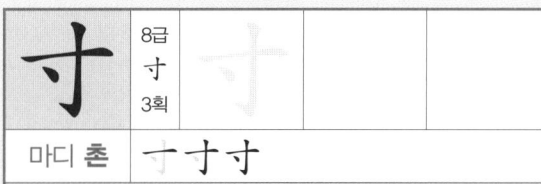

寸	8급 寸 3획
마디 촌	一 十 寸

寸陰(마디 촌, 그늘 음) 얼마 안 되는 짧은 시간.
寸志(마디 촌, 뜻 지) 조그만 뜻을 나타내는 작은 선물.

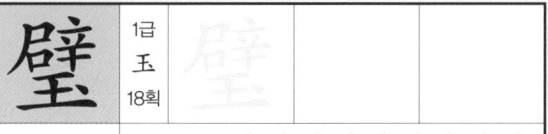

璧	1급 玉 18획
구슬 벽	璧璧璧璧璧璧璧璧璧璧

璧人(구슬 벽, 사람 인) 구슬처럼 아름다운 사람.
完璧(완전할 완, 구슬 벽) 결점이 없이 훌륭함.

陰	4급 阝 11획
그늘 음	陰陰陰陰陰陰陰陰陰陰

陰地(그늘 음, 땅 지) 햇볕이 들지 않는 그늘진 땅.
綠陰(푸를 녹, 그늘 음) 푸른 잎이 우거진 나무 그늘.

非	4급 非 8획
아닐 비	ノ ナ ナ ヺ 킈 非 非 非

非常(아닐 비, 항상 상) 보통이 아님.
非凡(아닐 비, 무릇 범) 범상치 않음.

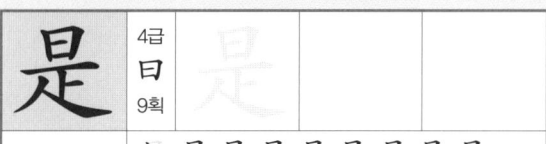

是	4급 日 9획
이 시	是是是是是是是是是

是非(이 시, 아닐 비) 옳고 그름.
是認(이 시, 알 인) 잘못을 알고 인정함.

寶	4급 宀 20획
보배 보	寶寶寶寶寶寶寶寶寶寶

寶劍(보배 보, 칼 검) 보배로운 칼.
寶庫(보배 보, 창고 고) 보물 창고.

競	5급 立 20획
다툴 경	競競競競競競競競競競

競爭(다툴 경, 다툴 쟁) 서로 겨루어 다툼.
競馬(다툴 경, 말 마) 말을 타고 겨루는 경기.

尺璧非寶(척벽비보) : 한 자나 되는 구슬이라고 모두 보배는 아니다.
寸陰是競(촌음시경) : 아주 짧은 시간이라도 다투어 귀하게 여겨야 한다.

資父事君하니 曰 嚴與敬이라

어버이 섬기는 것을 바탕으로 임금을 섬기니,
엄숙함과 공경함이 그것이다.

資	4급 貝 13획
바탕 자	資資資資資資資資資

資格(바탕 자, 격식 격) 일정한 신분·지위를 가지는 데 필요한 조건.
資金(바탕 자, 쇠 금) 바탕이 되는 돈. 밑천.

曰	3급 曰 4획
가로 왈	曰口曰曰

曰可曰不(가로 왈, 옳을 가, 가로 왈, 아닐 부) 어떤 일에 대하여 옳으니 그르니 함.

父	8급 父 4획
아비 부	父父父父

父母(아버지 부, 어머니 모) 아버지와 어머니.
父子(아버지 부, 아들 자) 아버지와 아들.

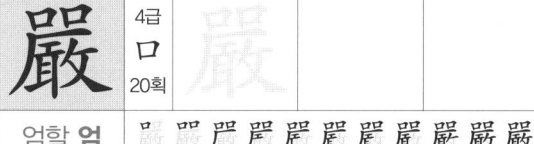

嚴	4급 口 20획
엄할 엄	嚴嚴嚴嚴嚴嚴嚴嚴嚴

嚴命(엄할 엄, 목숨 명) 엄한 명령.
嚴正(엄할 엄, 바를 정) 엄격하고 정확함.

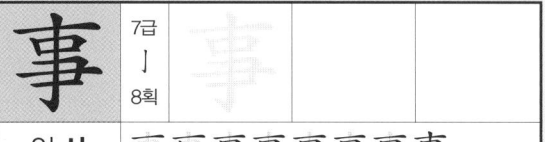

事	7급 亅 8획
일 사	事事事事事事事事

事故(일 사, 연고 고) 뜻밖에 일어난 일이나 탈.
事物(일 사, 만물 물) 일과 물건의 총칭.

與	4급 臼 14획
더불 여	與與與與與與與與與

與件(더불 여, 사건 건) 주어진 조건.
參與(참여할 참, 더불 여) 참가하여 관계함.

君	4급 口 7획
임금 군	君君君君君君君

君子(임금 군, 아들 자) 남의 모범이 될 만한 인물.
君臣(임금 군, 신하 신) 임금과 신하.

敬	5급 攵 13획
공경 경	敬敬敬敬敬敬敬敬敬

敬老(공경할 경, 늙을 로) 노인을 공경하는 것.
敬意(공경할 경, 뜻 의) 공경하는 뜻.

資父事君(자부사군) : 부모를 섬기는 효성으로 임금 또한 충성되게 모셔야 한다.
曰嚴與敬(왈엄여경) : 임금과 부모를 섬기는 데에는 엄숙함과 공경함이 있어야 한다.

孝는 當竭力하고 忠은 則盡命하라

효도는 마땅히 힘을 다하여야 하고, 충성은 목숨을 다하여야 한다.

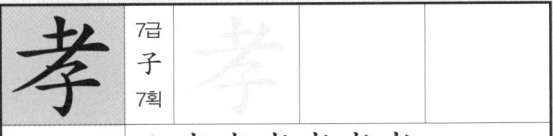

孝	7급 子 7획		
효도 **효**	孝孝孝孝孝孝孝		

孝誠(효도 효, 정성 성) 부모를 섬기는 정성.
孝子(효도 효, 아들 자) 효성스런 아들.

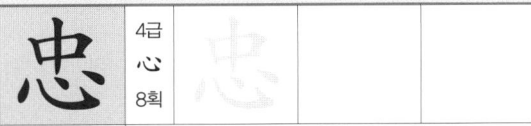

忠	4급 心 8획		
충성 **충**	忠忠忠忠忠忠忠忠		

忠誠(충성 충, 정성 성) 참마음에서 우러나는 정성.
忠直(충성 충, 곧을 직) 충성스럽고 곧음. 충실하고 정직함.

當	5급 田 13획		
마땅 **당**	當當當當當當當當當當		

當面(마땅 당, 얼굴 면) 일이 바로 눈앞에 닥침.
當選(마땅 당, 가릴 선) 선거에 뽑히는 것.

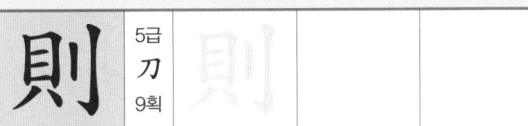

則	5급 刀 9획		
곧 **즉** 법칙 **칙**	則 丨 冂 冃 月 目 貝 則 則		

原則(근본 원, 법칙 칙) 일반의 경우에 적용되는 법칙.
法則(법 법, 법칙 칙) 법칙.

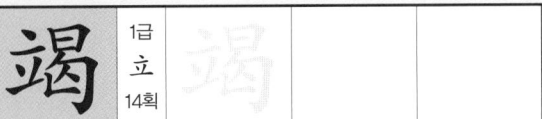

竭	1급 立 14획		
다할 **갈**	竭竭竭竭竭竭竭竭		

竭力(다할 갈, 힘 력) 있는 힘을 다하는 것.
竭忠(다할 갈, 충성 충) 충성을 다함.

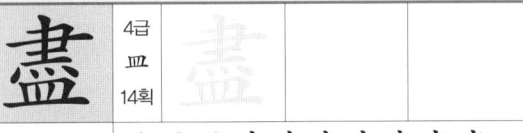

盡	4급 皿 14획		
다할 **진**	盡盡盡盡盡盡盡盡盡盡		

盡力(다할 진, 힘 력) 힘을 다함.
賣盡(팔 매, 다할 진) 다 팔림.

力	7급 力 2획		
힘 **력**	力 力		

力作(힘 력, 지을 작) 힘들여 지음. 또는 그 작품.
協力(화할 협, 힘 력) 힘을 합하여 돕는 것.

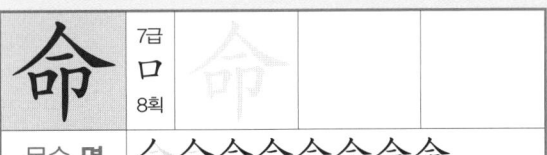

命	7급 口 8획		
목숨 **명**	丿 亼 合 合 合 合 命 命		

命令(목숨 명, 명령 령) 웃사람이 아랫사람에게 내리는 분부. | 壽命(목숨 수, 목숨 명) 생물의 목숨. 또는 살아있는 연한.

孝當竭力(효당갈력) : 부모를 모시고 효도하는 일에 마땅히 힘을 다해야 한다.
忠則盡命(충즉진명) : 충성은 곧 목숨까지도 다 바치는 것이다.

臨深履薄하고 夙興溫凊하라

깊은 물에 임한 듯 얇은 얼음을 밟은 듯이 하고,
일찍 일어나 따뜻한가 서늘한가를 살핀다.

臨	3급 臣 17획
임할 **림**	臨臨臨臨臣臣臨臨臨臨

臨迫(임할 임, 다그칠 박) 어떤 시기가 가까이 다가오는 것.
枉臨(굽을 왕, 임할 림) 남이 오는 것을 높여 이르는 말.

夙	1급 夕 6획
이를 **숙**	夙夙夙夙夙夙

夙成(이를 숙, 이룰 성) 나이에 비해 정신적·육체적 성장이 이름.
夙夜(이를 숙, 밤 야) 이른 아침과 늦은 밤.

深	4급 木 11획
깊을 **심**	深深深深深深深深深深深

深刻(깊을 심, 새길 각) 깊이 새김.
深夜(깊을 심, 밤 야) 한밤중.

興	4급 臼 16획
일어날 **흥**	興興興興興興興興

興味(일어날 흥, 맛 미) 흥을 느끼는 재미.
復興(다시 부, 일어날 흥) 쇠퇴하였던 것을 다시 일어나게 함.

履	3급 尸 15획
밟을 **리**	履履履履履履履履

履歷(밟을 이, 지날 력) 지금까지 거쳐온 학업·직업 등의 내력.
履行(밟을 이, 행할 행) 실제로 행함.

溫	6급 水 13획
따뜻할 **온**	溫溫溫溫溫溫溫溫溫

溫氣(따뜻할 온, 기운 기) 따뜻한 기운.
溫室(따뜻할 온, 집 실) 난방 장치를 한 방.

薄	3급 艸 17획
얇을 **박**	薄薄薄薄薄薄薄薄薄薄

薄氷(얇을 박, 얼음 빙) 얇은 얼음.
刻薄(새길 각, 얇을 박) 모나고 인정이 없음.

凊	무급 冫 10획
서늘할 **정** 서늘할 **청**	凊凊凊凊凊凊凊凊凊

冬溫夏凊(겨울 동, 따뜻할 온, 여름 하, 서늘할 청) 겨울에는 따뜻하게 여름에는 서늘하게 함.

臨深履薄(임심리박) : 자기 몸을 다치지 않도록 깊은 곳에 임하듯, 얇은 데를 밟듯이 조심하고 주의하라.
夙興溫凊(숙흥온정) : 일찍 일어나서 부모님의 자리가 추우면 따뜻하게 하고 더우면 시원하게 하라.

似蘭斯馨하고 如松之盛이라
난초와 같이 향기롭고, 소나무와 같이 무성하리라.

似	3급 / 人 / 7획
같을 사	似似似似似

似而非(같을 사, 말 이을 이, 아닐 비) 겉으론 비슷하나 속은 완전히 다른 것.
近似(가까울 근, 같을 사) 거의 같음.

如	4급 / 女 / 6획
같을 여	〈 女 女 如 如 如

如實(같을 여, 열매 실) 사실과 똑같음.
如前(같을 여, 앞 전) 전과 같음.

蘭	3급 / 艸 / 21획
난초 란	蘭蘭蘭蘭蘭蘭蘭蘭蘭蘭蘭

蘭草(난초 난, 풀 초) 난초.
芝蘭(지초 지, 난초 란) 지초와 난초.

松	4급 / 木 / 8획
소나무 송	十 十 十 木 朴 松 松 松

松林(소나무 송, 수풀 림) 소나무 숲.
老松(늙을 노, 소나무 송) 늙은 소나무.

斯	3급 / 斤 / 12획
이 사	斯斯斯斯斯其其其斯斯斯

斯界(이 사, 지경 계) 이 분야.
斯道(이 사, 길 도) 이 길. 성인의 길.

之	3급 / 丿 / 4획
갈 지	之之之

人之常情(사람 인, 갈 지, 항상 상, 뜻 정) 사람이면 모두 가지고 있는 보통의 마음.

馨	2급 / 禾 / 18획
향기 형	馨馨馨声声声殸殸殸馨馨

馨香(향기 형, 향기 향) 꽃다운 향기.
潔馨(맑을 결, 향기로울 형) 맑고 깨끗한 향기.

盛	4급 / 皿 / 12획
성할 성	盛 厂 厂 成 成 成 成 盛 盛 盛

盛大(성할 성, 큰 대) 규모가 아주 크고 푸짐함.
盛行(성할 성, 행할 행) 매우 왕성하게 유행하는 것.

似蘭斯馨(사란사형) : 이렇게 덕을 쌓으면 난초와 같이 그 향기가 멀리까지 퍼져나간다.
如松之盛(여송지성) : 군자의 절개는 소나무의 번성함처럼 변치 않는다.

川流不息하고 淵澄取映이라

냇물은 흘러 쉬지 않고, 못 물이 맑으면 비침을 얻을 수 있다.

川	7급 巛 3획			
내 천	丿 丿丿 丿丿丿			

山川(메 산, 내 천) ① 산과 내. ② 자연.
河川(물 하, 내 천) 시내. 강.

淵	2급 水 12획			
못 연	淵淵淵淵淵淵淵淵淵淵			

淵源(못 연, 근원 원) 사물의 근원. 본원(本願).
深淵(깊을 심, 못 연) 깊은 연못.

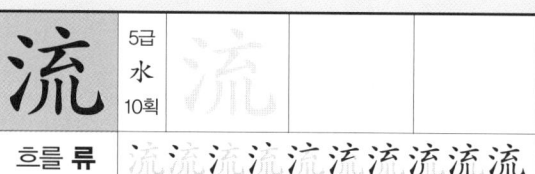

流	5급 水 10획			
흐를 류	流流流流流流流流流流			

流動(흐를 유, 움직일 동) 흘러 움직임.
流水(흐를 유, 물 수) 흐르는 물.

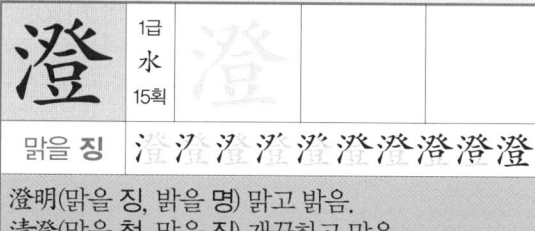

澄	1급 水 15획			
맑을 징	澄澄澄澄澄澄澄澄澄澄			

澄明(맑을 징, 밝을 명) 맑고 밝음.
淸澄(맑을 청, 맑을 징) 깨끗하고 맑음.

不	7급 一 4획			
아니 불	不不不不			

不可(아니 불, 옳을 가) 옳지 않은 것.
不當(아닐 부, 마땅 당) 이치에 맞지 않음.

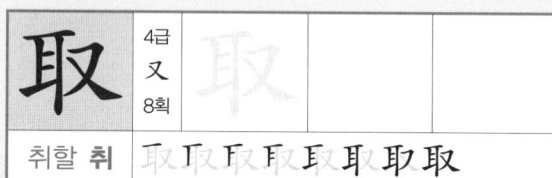

取	4급 又 8획			
취할 취	取取取取取取取取			

取得(취할 취, 얻을 득) 자기 소유로 하여 가지는 것.
取捨(취할 취, 버릴 사) 취할 것은 취하고 버릴 것은 버림.

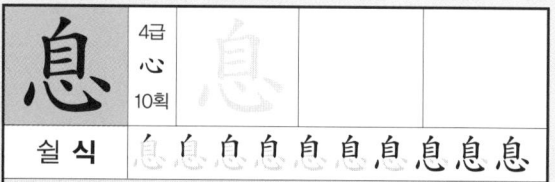

息	4급 心 10획			
쉴 식	息息息息息息息息息息			

休息(쉴 휴, 쉴 식) 일의 도중에서 잠깐 쉬는 것.
安息(편안할 안, 쉴 식) 편안하게 쉬는 것.

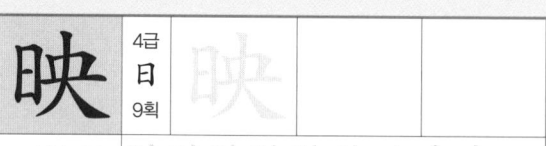

映	4급 日 9획			
비칠 영	映映映映映映映映映			

映畵(비칠 영, 그림 화) 영화.
反映(돌이킬 반, 비칠 영) 빛이 반사하여 비침.

川流不息(천류불식) : 군자의 덕행은 흐르는 물처럼 쉬지 않는다.
淵澄取映(연징취영) : 군자는 맑은 못 물이 물건을 비추는 것처럼 밝게 보아야 한다.

容止는 若思하고 言辭는 安定하라

매무새와 몸가짐을 생각하는 듯이 하고,
말소리는 조용하고 안정되게 해야 한다.

容量(용납할 용, 헤아릴 량) 물건이 담기는 분량.
許容(허락할 허, 용납할 용) 허락하여 용납하는 것.

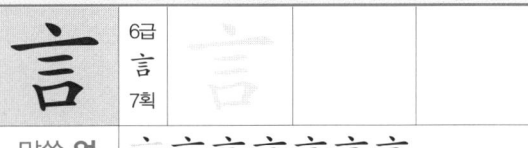

言動(말씀 언, 움직일 동) 말과 행동.
言約(말씀 언, 맺을 약) 약속함.

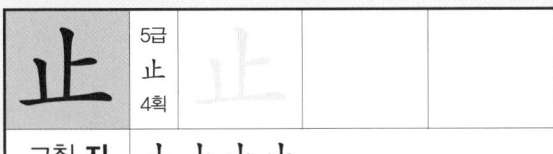

禁止(금할 금, 그칠 지) 못하게 하는 일.
中止(가운데 중, 그칠 지) 중간에 그만 두는 것.

辭典(말씀 사, 법 전) 사전.
辭讓(사양할 사, 사양할 양) 겸손하여 남에게 양보함.

若干(같을 약, 사이 간) 얼마 되지 않음.
萬若(일만 만, 같을 약) 있을지도 모르는 경우.

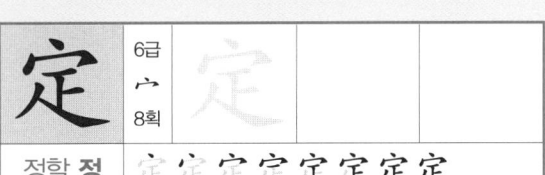

安否(편안할 안, 아니 부) 편안한지 여부를 묻는 인사.
問安(물을 문, 편안할 안) 웃어른에게 안부를 묻는 것.

思考(생각 사, 생각할 고) 생각하고 궁리함.
思想(생각 사, 생각 상) 사회·인생 등에 대한 일정한 견해.

定價(정할 정, 값 가) 정해진 값.
定義(정할 정, 옳을 의) 한 사물의 개념을 명확하게 한정하는 일.

容止若思(용지약사) : 군자의 행동거지는 엄숙하여 생각하는 듯이 하여야 한다.
言辭安定(언사안정) : 말소리는 자세히 조용하고 안정되어야 한다.

篤初誠美하고 愼終宜令이라

처음을 독실하게 함이 진실로 아름답고,
마무리를 삼가며 마땅히 좋게 하라.

篤
- 3급 竹 16획
- 도타울 독
- 篤篤篤篤篤篤篤篤篤
- 篤實(도타울 독, 사실 실) 믿음이 도탑고 성실함.
- 敦篤(도타울 돈, 도타울 독) 우애나 관계가 도타운 것.

愼
- 3급 心 13획
- 삼갈 신
- 愼愼愼愼愼愼愼愼愼
- 愼重(삼갈 신, 무거울 중) 매우 조심스러운 것.
- 謹愼(삼갈 근, 삼갈 신) 몸가짐이나 행동을 조심하는 것.

初
- 5급 刀 7획
- 처음 초
- 初初初初初初初
- 初行(처음 초, 갈 행) ① 처음으로 가는 길. ② 처음 하는 일.
- 最初(가장 최, 처음 초) 가장 처음.

終
- 5급 糸 11획
- 마칠 종
- 終終終終終終終終終終
- 終末(마칠 종, 끝 말) 어떤 일의 끝.
- 始終(비로소 시, 마칠 종) 처음과 끝. 어떤 일의 전 과정.

誠
- 4급 言 13획
- 정성 성
- 誠誠誠誠誠誠誠誠
- 誠意(정성 성, 뜻 의) 참되고 정성스런 뜻.
- 忠誠(충성 충, 정성 성) 충성.

宜
- 3급 宀 8획
- 마땅 의
- 宜宜宜宜宜宜宜宜
- 便宜(편할 편, 마땅 의) 편하고 좋음.
- 宜當(마땅 의, 마땅 당) 사리에 옳고 마땅함.

美
- 6급 羊 9획
- 아름다울 미
- 美美美美美美美美
- 美德(아름다울 미, 큰 덕) 아름다운 덕행.
- 美容(아름다울 미, 얼굴 용) 용모를 아름답게 매만지는 일.

令
- 5급 人 5획
- 하여금 령
- 令令令令令
- 令愛(좋을 영, 사랑 애) 남의 딸을 높여 부르는 말.
- 命令(목숨 명, 하여금 령) 윗사람이 아랫사람에게 내리는 분부.

篤初誠美(독초성미) : 사람이 처음에 정성을 다해 열심히 함은 참으로 아름다운 일이다.
愼終宜令(신종의령) : 처음을 독실하게 하는 것으로 부족하고, 끝맺음을 삼가야 지극히 좋은 것이 된다.

榮業은 所期요 籍甚無竟이라

영화로운 사업의 터전이 되는 바이고, 좋은 명예가 끝이 없으리라.

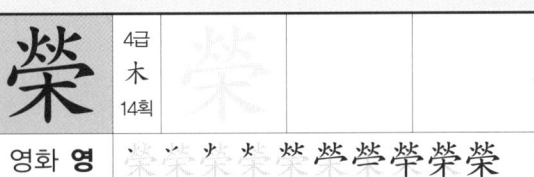

榮	4급 / 木 / 14획
영화 **영**	榮榮榮榮榮榮榮榮榮榮

榮光(영화 영, 빛 광) 빛나는 영예.
榮華(영화 영, 빛날 화) 귀하게 되어서 세상에 드러나는 것.

籍	1급 / 竹 / 20획
깔 자 문서 **적**	籍籍籍籍籍籍籍籍籍籍

籍記(문서 적, 적을 기) 장부에 적음.
籍口(깔 자, 입 구) 핑계. 구실이 될 만한 핑계를 댐.

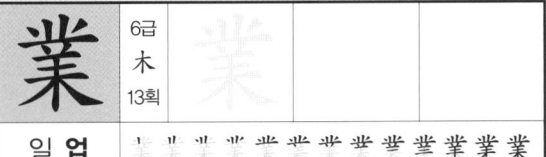

業	6급 / 木 / 13획
일 **업**	業業業業業業業業業業業業業

業務(일 업, 힘쓸 무) 생업의 일.
産業(낳을 산, 일 업) 생활에 필요한 것을 생산하는 모든 일.

甚	3급 / 甘 / 9획
심할 **심**	甚甚甚甚甚甚甚甚甚

甚大(심할 심, 큰 대) 매우 큼.
極甚(지극할 극, 심할 심) 지극히 심함.

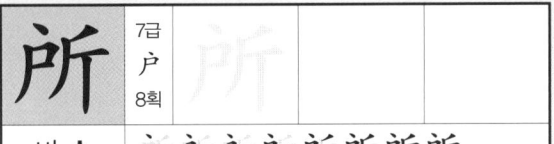

所	7급 / 戶 / 8획
바 **소**	所所所所所所所所

所感(바 소, 느낄 감) 느낀 바의 생각.
所得(바 소, 얻을 득) 어떤 일을 통해 얻은 이익.

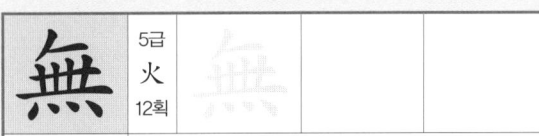

無	5급 / 火 / 12획
없을 **무**	無無無無無無無無無無無無

無故(없을 무, 연고 고) ① 연고가 없음. ② 사고가 없이 평안함.
無用(없을 무, 쓸 용) 쓸 데가 없음.

基	5급 / 土 / 11획
터 **기**	基基基基基基基基基基基

基金(터 기, 쇠 금) 어떤 일이나 사업을 위해 적립한 돈.
國基(나라 국, 터 기) 나라를 유지하는 기초.

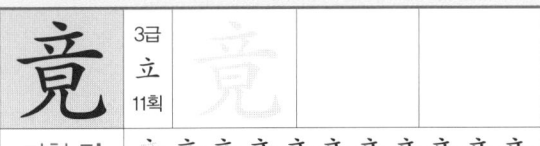

竟	3급 / 立 / 11획
마칠 **경**	竟竟竟竟竟竟竟竟竟竟竟

竟夜(마칠 경, 밤 야) 밤을 새움.
畢竟(마칠 필, 마침내 경) 마침내.

榮業所基(영업소기) : 앞에서 나온 내용을 잘 지키면 그것이 바로 번성의 기본이 되는 것이다.
籍甚無竟(자심무경) : 그뿐만 아니라 자신의 명예로운 이름이 길이 전해질 것이다.

學優登仕하여 攝職從政이라

배운 것이 넉넉하면 벼슬길에 올라,
직책을 가지고 정사(政事)에 종사한다.

學	8급 子 16획
배울 학	學學學學學學學學學

學識(배울 학, 알 식) ① 학문과 식견. ② 학문상의 식견.
學究(배울 학, 궁구할 구) 오로지 학문에 몰두하는 것.

攝	2급 手 21획
잡을 섭	攝攝攝攝攝攝攝攝

攝取(잡을 섭, 가질 취) 양분을 빨아들임.
攝政(잡을 섭, 정사 정) 임금을 대리하여 정사를 맡아봄.

優	4급 人 17획
넉넉할 우	優優優優優優優優優

優劣(넉넉할 우, 용렬할 열) 나음과 못함. 우등과 열등.
優待(넉넉할 우, 기다릴 대) 특별히 잘 대우함.

職	4급 耳 18획
일 직	職職職職職職職職職

職業(일 직, 업 업) 생활을 유지하기 위해 갖는 일.
求職(구할 구, 일 직) 직장을 구하는 것.

登	7급 癶 12획
오를 등	登登登登登登登登登登

登校(오를 등, 학교 교) 학교에 가는 것.
登記(오를 등, 기록할 기) 기록에 올림.

從	4급 彳 11획
좇을 종	從從從從從從從從從

從事(좇을 종, 일 사) 어떤 일에 마음과 힘을 다하는 것.
從軍(좇을 종, 군사 군) 군대를 따라 싸움터로 나가는 것.

仕	5급 人 5획
벼슬 사	仕仕仕仕仕

出仕(날 출, 벼슬 사) 벼슬을 처음 함.
奉仕(받들 봉, 벼슬 사) 자신을 돌보지 아니하고 애쓰는 것.

政	4급 攵 9획
정사 정	政政政政政政政政

政見(정사 정, 볼 견) 정치에 대한 의견이나 식견.
政治(정사 정, 다스릴 치) 나라를 다스리는 일.

學優登仕(학우등사) : 배우고서 여유가 있으면 벼슬에 오른다.
攝職從政(섭직종정) : 벼슬에 올라 관직을 맡아 정치에 종사한다.

存以甘棠하니 去而益詠이라

소공(召公)이 감당(甘棠) 나무 아래에 머무르다 떠나자,
더욱 감당시(甘棠詩)를 읊는다.

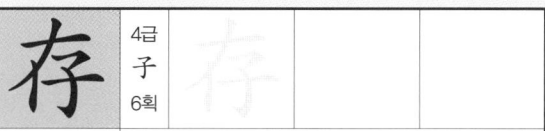

있을 존

存在(있을 존, 있을 재) 사람이나 사물이 실재로 있는 것.
保存(보호할 보, 있을 존) 잘 지니어 잃지 않도록 함.

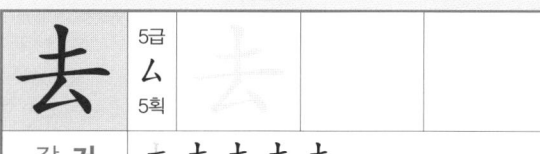

갈 거

去取(없앨 거, 취할 취) 버림과 취함.
過去(지나갈 과, 갈 거) 지나간 때. 지난날.

써 이

以南(써 이, 남녘 남) 어떤 기준으로부터 그 남쪽.
所以(바 소, 써 이) 까닭.

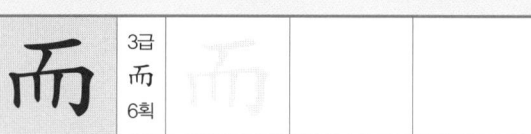

말이을 이

似而非(같을 사, 말이을 이, 아닐 비) 겉은 비슷하나 속은 완전히 다름.
而立(말이을 이, 설 립) 30세.

달 감

甘苦(달 감, 쓸 고) 단 맛과 쓴 맛.
甘受(달 감, 받을 수) 불만 없이 달게 받는 것.

더할 익

益鳥(더할 익, 새 조) 인간에게 이로운 새.
利益(이로울 이, 더할 익) 어떤 일을 통하여 이로운 것을 남김.

아가위 당

棠梨(아가위 당, 배 이) 팥배나무의 열매. 팥배.
海棠花(바다 해, 아가위 당, 꽃 화) 해당화.

읊을 영

詠歌(읊을 영, 노래 가) 시나 노래를 읊음.
誦詠(외울 송, 읊을 영) 시나 노래를 외워 읊는 것.

存以甘棠(존이감당) : 주(周)나라 소공이 남쪽 나라 제후로 있으면서 감당나무 아래에서 백성을 교화하였다.
去而益詠(거이익영) : 소공이 떠나가자 남쪽 나라 백성이 더욱 그 덕을 기리어 감당시(甘棠詩)를 읊었다.

樂은 殊貴賤하고 禮는 別尊卑라

음악은 신분의 귀하고 천함에 따라 다르고,
예절(禮節)은 높고 낮음을 가린다.

樂	6급 木 15획
풍류 악 즐거울 락	

樂譜(풍류 악, 계보 보) 음악의 곡조를 일정한 기호로 기록한 것.
音樂(소리 음, 풍류 악 / 즐거울 락) 음악.

禮	6급 示 18획
예도 례	

禮儀(예도 예, 거동 의) 예절과 몸가짐.
禮物(예도 예, 만물 물) 예의를 표하기 위해 주는 물건.

殊	3급 歹 10획
다를 수	

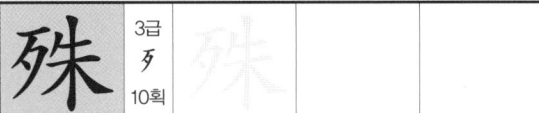

殊功(다를 수, 공 공) 뛰어난 공훈.
特殊(특별할 특, 다를 수) 보통의 것과는 특별히 다른.

別	6급 刀 7획
다를 별	

別故(다를 별, 연고 고) 뜻밖의 사고.
作別(지을 작, 다를 별) 서로 인사를 나누고 헤어지는 것.

貴	5급 貝 12획
귀할 귀	

貴重(귀할 귀, 무거울 중) 매우 소중함.
高貴(높을 고, 귀할 귀) 훌륭하고 귀중함.

尊	4급 寸 12획
높을 존	

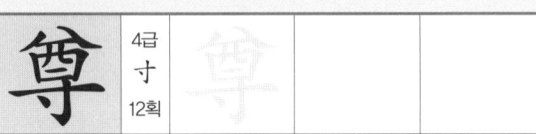

尊敬(높을 존, 공경할 경) 존대하여 공경함.
尊待(높을 존, 기다릴 대) 높이 받들어 대접하는 것.

賤	3급 貝 15획
천할 천	

賤民(천할 천, 백성 민) 지체가 낮고 천한 백성.
貴賤(귀할 귀, 천할 천) 귀한 것과 천한 것.

卑	3급 十 8획
낮을 비	

卑屈(낮을 비, 굽을 굴) 겁이 많고 줏대가 없이 비겁함.
卑下(낮을 비, 아래 하) 자기 자신을 낮춤.

樂殊貴賤(악수귀천) : 음악은 신분이 귀한지 천한지에 따라 등급의 차이가 있었다.
禮別尊卑(예별존비) : 예의를 정하여 신분에 따라 높고 낮음의 구별이 있게 하였다.

上和下睦하고 夫唱婦隨라

위에서 화(和)하면 아래에서도 화목하고,
지아비가 선창(先唱)하고 지어미는 따른다.

上	7급 一 3획
윗 상	上 卜 上

上陸(윗 상, 뭍 륙) 육지로 올라감.
最上(가장 최, 윗 상) 수준이나 등급이 맨 위인 것.

夫	7급 大 4획
지아비 부	夫 二 夫 夫

夫婦(지아비 부, 지어미 부) 남편과 아내.
夫君(지아비 부, 임금 군) '남편'의 높임말.

和	6급 口 8획
화목할 화	

和解(화목할 화, 풀 해) 다툼질을 그치고 서로 감정을 푸는 것.
人和(사람 인, 화합 화) 인심이 화합함.

唱	5급 口 11획
부를 창	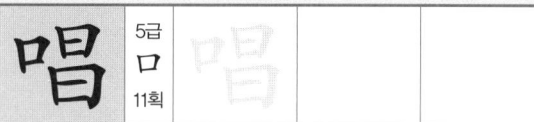

先唱(먼저 선, 부를 창) 먼저 앞장서서 부르짖음.
主唱(주인 주, 부를 창) 주장하여 부르짖음.

下	7급 一 3획
아래 하	下 下 下

下問(아래 하, 물을 문) 아랫사람에게 묻는 것.
貴下(귀할 귀, 아래 하) 상대방을 존중하여 이름 대신 쓰는 말.

婦	4급 女 11획
지어미 부	

婦人(지어미 부, 사람 인) 결혼한 여자.
子婦(아들 자, 지어미 부) 며느리.

睦	3급 目 13획
화목할 목	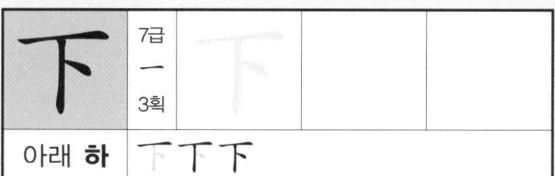

和睦(화목할 화, 화목할 목) 서로 화합하여 정다움.
親睦(친할 친, 화목할 목) 서로 친하여 뜻이 맞고 정다움.

隨	3급 阝 16획
따를 수	隨 隨 隨 隨 隨 隨 隨 隨 隨 隨

隨想(따를 수, 생각 상) 그때그때 떠오르는 생각.
隨行(따를 수, 행할 행) 일정한 사명을 띠고 따라감.

上和下睦(상화하목) : 위에서 사랑하고 아래서 공경함으로써 서로 화목하게 된다.
夫唱婦隨(부창부수) : 가정에서도 남편이 앞서 이끌면 아내가 따라서 화목한 가정을 이루어야 한다.

外受傅訓하고 入奉母儀라

밖에서 스승의 가르침을 받고, 들어가 어머니의 몸가짐을 받든다.

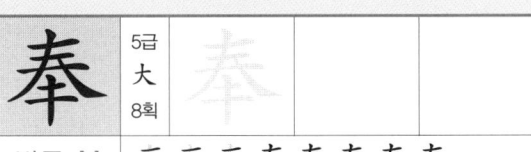

外受傅訓(외수부훈) : 남자는 나이가 차면 밖에 나가 스승의 가르침을 받아야 한다.
入奉母儀(입봉모의) : 여자는 집에 들어가 어머니를 받들어 예의에 벗어나지 않도록 해야 한다.

諸姑伯叔은 猶子比兒라

모든 고모와 큰아버지와 작은아버지들은
조카를 자기 자식처럼 여기고 자기 아이에게 견준다.

諸	3급 言 16획
모두 제	諸諸諸詩詩諸諸諸諸諸

諸君(모두 제, 임금 군) '여러분' 의 뜻으로 주로 손아랫사람에게 씀.
諸般(모두 제, 돌아올 반) 여러 가지. 모든.

猶	3급 犬(犭) 12획
같을 유	犭犭犭犭犭狁狁猶猶猶

猶父(같은 유, 아버지 부) 아버지의 형제.
猶豫(같은 유, 미리 예) 시간이나 날짜를 미루고 끎.

姑	3급 女 8획
고모 고	〈 女 女 女 妇 妇 姑 姑

姑母(고모 고, 어미 모) 아버지의 누이.
姑從(고모 고, 좇을 종) '고종 사촌' 의 준말.

子	7급 子 3획
아들 자	子 了 子

子女(아들 자, 여자 녀) 아들과 딸.
孝子(효도 효, 아들 자) 효성스런 자식.

伯	3급 人 7획
맏 백	伯 伯 伯 伯 伯 伯 伯

伯仲(맏 백, 버금 중) ① 맏이와 둘째. ② 재주 등이 서로 비금비금함.
伯氏(맏 백, 성 씨) 남의 '맏형' 의 높임말.

比	5급 比 4획
견줄 비	比 比 比 比

比等(견줄 비, 같을 등) 서로 비슷함.
對比(대답할 대, 견줄 비) 차이를 서로 비교하는 것.

叔	4급 又 8획
아저씨 숙	叔 叔 叔 叔 叔 叔 叔 叔

叔姪(아저씨 숙, 조카 질) 아저씨와 조카.
叔母(아저씨 숙, 어미 모) 숙부의 아내.

兒	5급 儿 8획
아이 아	兒 兒 兒 兒 兒 兒 兒 兒

兒童(아이 아, 아이 동) 어린아이.
育兒(기를 육, 아이 아) 어린아이를 기르는 것.

諸姑伯叔(제고백숙) : 고모와 백부, 숙부들은 모두 아버지의 형제이다.
猶子比兒(유자비아) : 고모·백부·숙부의 처지에서 보면 조카들도 자기 아이들과 같이 대해야 한다.

孔懷兄弟는 同氣連枝라
깊이 생각해 주는 형과 아우는 기운이 같고 가지가 이어져 있다.

孔 (4급, 子, 4획)
구멍 공 — 孔孔孔孔
孔穴(구멍 공, 구멍 혈) 구멍. 틈.
氣孔(기운 기, 구멍 공) 식물에서 공기의 통로가 되는 구멍.

同 (7급, 口, 6획)
같을 동 — 同同同同同同
同感(같을 동, 느낄 감) 같은 느낌.
同甲(같을 동, 갑옷 갑) 같은 나이. 또는, 나이가 같은 사람.

懷 (3급, 心, 19획)
품을 회 — 懷懷懷懷懷懷懷懷懷懷
懷抱(품을 회, 안을 포) 마음 속에 품은 정.
懷古(품을 회, 옛 고) 옛일을 회상함.

氣 (7급, 气, 10획)
기운 기 — 氣氣氣氣氣氣氣氣氣氣
氣溫(기온 기, 따뜻할 온) 대지의 온도.
熱氣(더울 열, 기온 기) 뜨거운 기운.

兄 (8급, 儿, 5획)
맏 형 — 兄兄兄兄兄
兄弟(맏 형, 아우 제) 형과 동생.
妹兄(누이 매, 맏 형) 손위 누이의 남편.

連 (4급, 辶, 11획)
이을 련 — 連連連連連連連連連連
連結(이을 연, 맺을 결) 서로 이어서 맺는 것.
連勝(이을 연, 이길 승) 연이어 이기는 것.

弟 (8급, 弓, 7획)
아우 제 — 弟弟弟弟弟弟弟
弟子(아우 제, 아들 자) 가르침을 받는 사람.
子弟(아들 자, 아우 제) '남의 아들'의 높임말.

枝 (3급, 木, 8획)
가지 지 — 枝枝枝枝枝枝枝枝
枝葉(가지 지, 잎사귀 엽) ① 가지와 잎사귀. ② 중요하지 않은 부분.
枝幹(가지 지, 줄기 간) 가지와 원 줄기.

孔懷兄弟(공회 형제) : 형제는 서로 사랑하여 의좋게 지내야 한다.
同氣連枝(동기련지) : 형제는 부모의 정기를 함께 받았으니, 이는 나무의 가지가 서로 이어진 것과 같다.

交友에 投分하고 切磨箴規라

벗을 사귀어 정분을 함께 나누고,
깎고 갈며 서로 잡도리하며 경계하고 간한다.

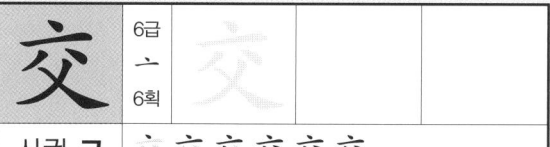

交	6급 亠 6획				
사귈 교	交 交 交 交 亣 交				

交代(사귈 교, 대신 대) 서로 번갈아 대신하는 것.
交通(사귈 교, 통할 통) 한 지역에서 다른 지역으로 이동하는 것.

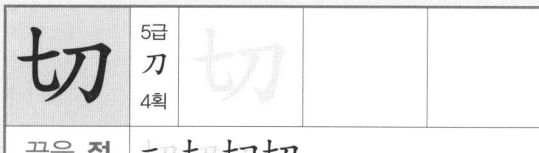

切	5급 刀 4획				
끊을 절	切 七 切 切				

切斷(끊을 절, 끊을 단) 자르거나 베어 끊는 것.
切削(끊을 절, 깎을 삭) 쇠붙이를 자르거나 깎는 것.

友	5급 又 4획				
벗 우	友 ナ 友 友				

友愛(벗 우, 사랑 애) 친구 사이의 사랑.
學友(배울 학, 벗 우) 한 학교에서 같이 공부하는 벗.

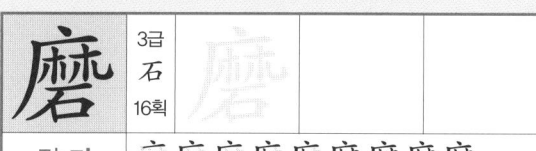

磨	3급 石 16획				
갈 마	磨 广 广 庐 庐 麻 麻 磨 磨				

磨滅(갈 마, 멸할 멸) 갈려 닳아서 얇아지거나 없어지는 것.
磨耗(갈 마, 감할 모) 기계의 부품 등이 닳는 것.

投	4급 手 7획				
던질 투	投 扌 扌 投 投 投 投				

投石(던질 투, 돌 석) 돌을 던짐.
投合(던질 투, 합할 합) 마음이 서로 딱 맞음.

箴	1급 竹 15획				
경계 잠	箴 箴 箴 箴 竺 竺 竺 箴 箴				

箴戒(경계할 잠, 경계할 계) 깨우쳐 타이르는 것.
箴言(경계할 잠, 말씀 언) 가르쳐서 경계하는 말.

分	6급 刀 4획				
나눌 분	分 分 分 分				

分讓(나눌 분, 사양 양) 큰 덩어리를 잘라 여럿에게 양도하는 것.
分業(나눌 분, 업 업) 일을 나누어서 하는 것.

規	5급 見 11획				
법 규	規 規 規 規 規 規 規 規 規 規				

規範(법 규, 법 범) 의무적으로 지켜야 할 질서.
規格(법 규, 격식 격) 일정한 규정에 맞는 격식.

交友投分(교우투분) : 벗을 사귐에 있어서는 친구 사이에 정분을 함께 나누어야 한다.
切磨箴規(절마잠규) : 벗과 함께 열심히 닦고 배우며, 서로 경계하고 일깨워준다.

仁慈隱惻을 造次에도 弗離라

인자하고 측은하게 여기는 마음을 잠깐이라도 떠나지 말아야 한다.

仁	4급 / 人 / 4획
어질 인	ノ 亻 仁 仁

仁德(어질 인, 큰 덕) 어진 덕.
仁義(어질 인, 의로울 의) 어진 것과 의로운 것.

造	4급 / 辶 / 11획
지을 조	造造 牛 牛 牛 告 告 浩 浩 造

造林(지을 조, 수풀 림) 나무를 심어 숲을 이루는 일.
製造(지을 제, 지을 조) 물건을 만들어 냄.

慈	3급 / 心 / 13획
인자할 자	慈慈慈慈慈慈慈慈慈

慈善(인자할 자, 착할 선) 선의를 베품.
仁慈(어질 인, 인자할 자) 어질고 자애로움.

次	4급 / 欠 / 6획
버금 차	次 次 次 次 次 次

次期(버금 차, 기약 기) 다음의 시기.
順次(순할 순, 차례 차) ① 돌아오는 차례. ② 차례차례.

隱	4급 / 阝 / 17획
숨을 은	阝 阝 阝 阝 隆 隱 隱 隱 隱

隱蔽(숨을 은, 가릴 폐) 덮어 감춤. 가리어 숨김.
隱居(숨을 은, 거할 거) 사회 활동을 피하고 숨어서 삶.

弗	3급 / 弓 / 5획
아닐 불	弗 弗 弓 弗 弗

弗貨(아닐 불, 화폐 화) 달러를 단위로 하는 화폐.
弗素(아닐 불, 흴 소) 플루오르. 할로겐 원소의 하나.

惻	1급 / 心 / 12획
슬플 측	惻 惻 忄 忄 忄 恨 恨 惻 惻

惻然(슬퍼할 측, 그럴 연) 가엾게 여기는 모양.
惻隱(슬퍼할 측, 불쌍히여길 은) 가엾고 불쌍함.

離	4급 / 隹 / 19획
떠날 리	离 离 离 离 齊 离 剤 離 離 離 離

離間(떠날 이, 사이 간) 두 사람 사이를 멀어지도록 하는 것.
距離(거리 거, 떠날 리) 공간적으로 떨어진 길이.

仁慈隱惻(인자은측) : 어질고 자애롭고 불쌍히 여기는 마음은,
造次弗離(조차불리) : 잠시 동안이라도 떠나지 않도록 하라.

節義廉退는 顚沛匪虧라

절개와 의리와 청렴과 물러남은,
엎어지고 자빠지는 순간에도 이지러뜨릴 수 없다.

節	5급 竹 15획
마디 절	節節節節節節節節節節

節介(마디 절, 클 개) 굳게 지키는 지조와 정절.
節減(절약할 절, 덜 감) 절약하여 줄임.

顚	1급 頁 19획
기울어질 전	顚顚顚顚眞眞眞顚顚顚

顚墜(기울어질 전, 떨어질 추) 추락함.
顚末(기울어질 전, 끝 말) 일의 처음부터 마지막까지의 경과.

義	4급 羊 13획
옳을 의	義義義義美美美義義義

義擧(옳을 의, 들 거) 옳은 일을 위하여 일어서는 것.
信義(믿을 신, 옳을 의) 믿음과 의리.

沛	1급 水 7획
자빠질 패	沛沛沛沛沛沛沛

沛然(성할 패, 그럴 연) 비가 세차게 쏟아지는 모양.
沛澤(성할 패, 못 택) 초목이 무성하고 물이 있는 곳.

廉	3급 广 13획
청렴 렴	廉广广广产庐庐庐廉廉

廉恥(청렴 염, 부끄러울 치) 깨끗하고 부끄러움을 앎.
廉價(값쌀 염, 값 가) 싼 값.

匪	2급 匸 10획
아닐 비 비적 비	匪匚匚匪匪匪

匪躬(아닐 비, 몸 궁) 자기 몸을 돌보지 않고 충성함.
匪賊(비적 비, 도둑 적) 떼를 지어 다니며 약탈하는 도둑.

退	4급 辶 10획
물러갈 퇴	退退退退艮艮艮退退退

退色(물러갈 퇴, 빛 색) 색이 바램.
進退(나아갈 진, 물러갈 퇴) ① 나아감과 물러섬.
② 행동거지.

虧	무급 虍 17획
이지러질 휴	虧虧广虍虍虗虗虗虗虧

虧損(이지러질 휴, 덜 손) 이지러져서 손상됨.
虧月(이지러질 휴, 달 월) 이지러진 달.

節義廉退(절의렴퇴) : 절개, 의리, 청렴, 물러남은
顚沛匪虧(전패비휴) : 어려운 가운데에서도 조금이라도 이지러짐이 있어서는 안 된다.

性靜하면 情逸하고 心動하면 神疲라

성품이 고요하면 감정도 편안하고, 마음이 흔들리면 정신도 피로해진다.

性	5급 心 8획
성품 **성**	丿忄忄忄忄忄性性性

性情(성품 성, 뜻 정) 성질과 심정. 또는 타고난 성질.
根性(뿌리 근, 성품 성) ① 근본 성질. ② 타고난 마음.

心	7급 心 4획
마음 **심**	心心心心

心理(마음 심, 이치 리) 마음의 작용과 의식의 상태.
野心(들 야, 마음 심) 남 몰래 마음에 품은 소망.

靜	4급 靑 16획
고요할 **정**	靜靑靑靑靑靜靜靜靜

靜淑(고요할 정, 맑을 숙) 고요하고 맑음.
平靜(평평할 평, 고요할 정) 평안하고 고요함.

動	7급 力 11획
움직일 **동**	動動動動動動重重動動

動作(움직일 동, 지을 작) 움직임.
動搖(움직일 동, 흔들 요) 움직이고 흔들림.

情	5급 心 11획
뜻 **정**	丨忄忄忄忄情情情情

情勢(뜻 정, 형세 세) 일이 되어가는 형편.
表情(겉 표, 뜻 정) 얼굴에서 겉으로 드러나는 감정.

神	6급 示 10획
귀신 **신**	神神示示示示示和神神

神經(귀신 신, 싸줄 경) 마음이나 감각의 작용.
精神(가릴 정, 귀신 신) 마음이나 생각.

逸	3급 辶 12획
편안할 **일**	逸逸色色免免逸逸逸

逸話(빠질 일, 말할 화) 세상에 널리 알려지지 않은 이야기. | 安逸(편안할 안, 편안할 일) 애쓰지 않고 편안한 맘을 누리려 하는 것.

疲	4급 疒 10획
가쁠 **피**	疲疲疒疒疒疒疒疲疲

疲困(가쁠 피, 곤할 곤) 몸과 마음이 지쳐서 고달픔.
疲弊(가쁠 피, 해어질 폐) 낡고 쇠약해짐.

性靜情逸(성정정일) : 사람이 타고난 본성이 고요하면 감정도 편안하다.
心動神疲(심동신피) : 마음이 굳지 못하고 움직이면 정신도 피곤하다.

守眞하면 志滿하고 逐物하면 意移라

참을 지키면 뜻이 가득해지고, 사물을 쫓아가면 뜻이 옮겨진다.

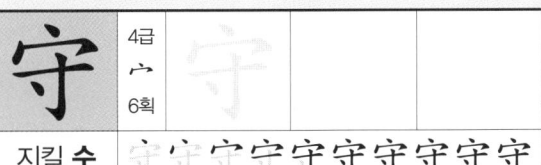

守	4급 宀 6획
지킬 수	守守守守守守守守守

守備(지킬 수, 갖출 비) 지키어 방비함.
守節(지킬 수, 마디 절) 절의나 정절을 지키는 것.

逐	3급 辶 11획
쫓을 축	逐逐逐逐逐逐逐逐逐逐

逐出(쫓을 축, 나갈 출) 쫓아버림.
角逐(뿔 각, 쫓을 축) 서로 이기려고 다투며 겨룸.

眞	4급 目 10획
참 진	眞眞眞眞眞眞眞眞眞眞

眞價(참 진, 값 가) 참된 가치.
眞理(참 진, 이치 리) 참된 이치.

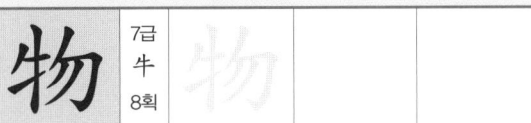

物	7급 牛 8획
만물 물	物物物物物物物物

物價(만물 물, 값 가) 물건의 값.
文物(글월 문, 만물 물) 세상에 있는 모든 것.

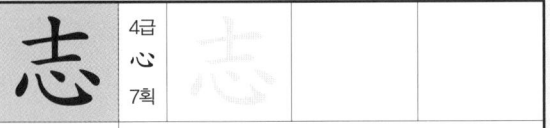

志	4급 心 7획
뜻 지	志志志志志志志

志士(뜻 지, 선비 사) 나라와 사회를 위해 높은 뜻을 품은 사람.
志願(뜻 지, 원할 원) 바라서 원하는 것.

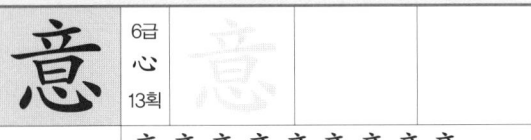

意	6급 心 13획
뜻 의	意意意意意意意意意

意見(뜻 의, 볼 견) 어떤 사물에 대하여 마음에 일어난 생각.
意思(뜻 의, 생각 사) 마음 먹은 생각.

滿	4급 水 14획
찰 만	滿滿滿滿滿滿滿滿滿

滿發(찰 만, 필 발) 많은 꽃이 한꺼번에 활짝 피는 것.
滿足(찰 만, 발 족) 마음에 모자란 느낌이 없음.

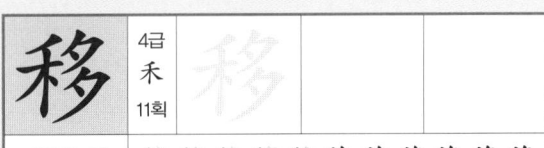

移	4급 禾 11획
옮길 이	移移移移移移移移移移

移植(옮길 이, 심을 식) 옮겨 심음.
移民(옮길 이, 백성 민) 다른 나라의 영토에 이주하는 것.

守眞志滿(수진지만) : 사람의 참도리를 지키면 의지가 항상 기쁨으로 충만하다.
逐物意移(축물의이) : 마음이 밖의 사물을 쫓게 되면 뜻이 저절로 옮겨지게 된다.

堅持雅操하면 好爵自縻니라

바른 지조를 굳게 지키면, 좋은 벼슬이 저절로 따른다.

堅	4급 土 11획	堅
굳을 견	堅堅堅堅堅堅堅堅堅堅堅	

堅固(굳을 견, 굳을 고) 굳음. 튼튼함.
堅實(굳을 견, 열매 실) 믿음직스럽게 튼튼하고 착실함.

好	4급 女 6획	好
좋을 호	𰂿 好 好 好 好 好	

好感(좋을 호, 느낄 감) 좋게 여기는 감정.
好奇心(좋을 호, 기이할 기, 마음 심) 신기하거나 모르는 것을 알고 싶어하는 마음.

持	4급 手 9획	持
가질 지	持 持 持 持 持 持 持 持 持	

持論(가질 지, 의논 논) 늘 가지고 있는 의견.
支持(지탱할 지, 버틸 지) 버티거나 굄.

爵	3급 爪 18획	爵
벼슬 작	爵爵爵爵爵爵爵爵爵爵爵爵爵爵爵爵爵爵	

爵位(벼슬 작, 자리 위) 벼슬과 지위.
爵號(벼슬 작, 부를 호) 관작의 칭호.

雅	3급 隹 12획	雅
바를 아	雅 雅 雅 雅 雅 雅 雅 雅 雅	

雅量(아담할 아, 양 량) 넓은 도량.
優雅(넉넉할 우, 아담할 아) 품위있고 아름다움.

自	7급 自 6획	自
스스로 자	自 自 自 自 自 自	

自立(스스로 자, 설 립) 남의 힘을 입지 않고 스스로 섬.
獨自(홀로 독, 스스로 자) 다른 것과 달리 그 자체가 특이함.

操	5급 手 16획	操
지조 조	操 操 操 操 操 操 操 操	

操身(지조 조, 몸 신) 행동을 삼감.
志操(뜻 지, 잡을 조) 의지와 절조.

縻	무급 糸 17획	縻
얽을 미	縻 縻 縻 縻 縻 縻 縻 縻	

繫縻(맬 계, 얽을 미) 얽어 맴. 자유를 구속함.
羈縻(굴레 기, 얽을 미) 굴레를 씌우듯 자유를 속박함.

堅持雅操(견지아조) : 바른 지조를 굳게 지키며, 자기에게 있는 도리(道理)를 다한다.
好爵自縻(호작자미) : 나에게 있는 도리를 극진히 하면 좋은 벼슬이 저절로 따른다.

都邑華夏는 東西二京이니

중국의 서울은 동쪽 서쪽의 두 서울이다.

都	5급 阝 12획
도읍 **도**	都 都 者 者 者 者 者 者 都 都

都市(도읍 도, 저자 시) 일정한 지역의 중심이 되어 사람이 많이 사는 지역.
首都(머리 수, 도읍 도) 서울.

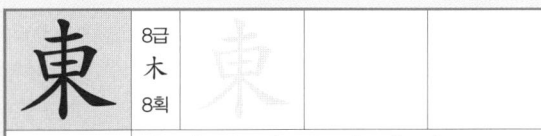

東	8급 木 8획
동녘 **동**	東 東 東 東 東 東 東 東

東洋(동녘 동, 바다 양) 유라시아 대륙의 동부 지역.
極東(가운데 극, 동녘 동) 동양의 가장 동쪽에 위치한 지방.

邑	7급 邑 7획
고을 **읍**	邑 邑 邑 呂 呂 呂 邑

邑內(고을 읍, 안 내) 읍의 구역 안.
都邑(도읍 도, 고을 읍) ① 서울. ② 작은 도시.

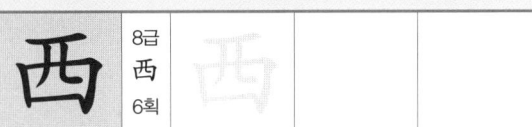

西	8급 西 6획
서녘 **서**	西 西 西 西 西 西

西方(서녘 서, 모 방) ① 서쪽. ② 서유럽의 자유주의 국가.
西風(서녘 서, 바람 풍) 서쪽에서 부는 바람.

華	4급 艹 12획
빛날 **화**	華 華 華 華 華 華 華 華

華婚(빛날 화, 혼인할 혼) 혼인.
榮華(영화 영, 빛날 화) 귀하게 되어 몸이 세상에 드러남.

二	8급 二 2획
두 **이**	二 二

二心(두 이, 마음 심) ① 두 가지 마음. ② 배반하는 마음.
二重(두 이, 무게 중) 두 겹. 겹침.

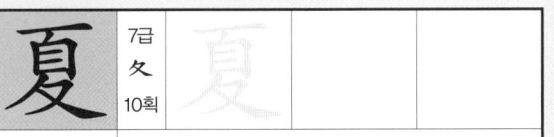

夏	7급 夂 10획
여름 **하**	夏 夏 夏 夏 夏 夏 夏 夏 夏

夏季(여름 하, 끝 계) 여름철.
夏服(여름 하, 옷 복) 여름 옷.

京	6급 亠 8획
서울 **경**	京 京 京 京 京 京 京

京鄕(서울 경, 시골 향) 서울과 시골.
上京(윗 상, 서울 경) 서울로 올라옴.

都邑華夏(도읍화하) : 중국의 서울은
東西二京(동서이경) : 동경(東京)과 서경(西京)의 두 서울이다.

背邙面洛하고 浮渭據涇이라

북망산(北邙山)을 뒤에 두고, 낙수(洛水)를 앞에 두었고,
위수(渭水)에 떠가기도 하며, 경수(涇水)에 위치하기도 한다.

背	4급 肉 9획
등 배	背背背背背背背背背

背泳(등 배, 헤엄칠 영) 등헤엄.
背信(등 배, 믿을 신) 신의를 저버림.

浮	3급 水 10획
뜰 부	浮浮浮浮浮浮浮浮浮浮

浮沈(뜰 부, 잠길 침) 물에 떴다 잠겼다 함.
浮動(뜰 부, 움직일 동) 떠 움직임.

邙	무급 阝 6획
뫼 망	邙邙邙邙邙邙

北邙山(북녘 북, 뫼 망, 메 산) ① 중국 낙양에 있는 산 이름. ② 무덤이 많은 곳. 사람이 죽어 묻히는 곳.

渭	2급 水 12획
위수 위	渭渭渭渭渭渭渭渭渭渭

渭濁涇淸(위수 위, 탁할 탁, 경수 경, 맑을 청) 위수는 탁하고 경수는 맑음. 사물·인품의 격차가 큼의 비유.

面	7급 面 9획
낯 면	面面面面面面面面面

面目(얼굴 면, 눈 목) ① 얼굴이 생긴 모양. ② 남을 대하는 체면.
面接(얼굴 면, 접할 접) 서로 대면하여 만나보는 것.

據	4급 手 16획
웅거할 거	據據據據據據據據據據

據點(웅거할 거, 점 점) 활동의 근거로 삼는 중요한 지점.
論據(논할 논, 웅거할 거) 논설이나 이론의 근거.

洛	3급 水 9획
낙수 락	洛洛洛洛洛洛洛洛洛

洛花(낙수 낙, 꽃 화) 모란의 다른 이름.
京洛(서울 경, 낙수 락) 서울.

涇	무급 水 10획
경수 경	涇涇涇涇涇涇涇涇涇

涇渭(경수 경, 위수 위) 경수와 위수. 사리의 옳고 그름과 시비(是非)의 분간.

背邙面洛(배망면락) : 동경(東京)인 낙양(洛陽)은 북쪽으로 북망산(北邙山)이 있고, 남쪽으로 낙수(洛水)가 있다.
浮渭據涇(부위거경) : 서경(西京)인 장안(長安)은 위수(渭水) 가에 떠 있고, 경수(涇水)에 의지하고 있다.

宮殿은 盤鬱하고 樓觀은 飛驚이라

궁(宮)과 전(殿)은 빽빽하고, 누(樓)와 관(觀)은 나는 듯,
놀라 모양을 바꾸는 듯하다.

宮	4급 宀 10획
집 궁	宮宮宮宮宮宮宮宮宮宮

宮廷(집 궁, 조정 정) 대궐 안.
宮城(집 궁, 재 성) 궁궐을 둘러싼 성벽. 궁궐과 그 주위 전체.

樓	3급 木 15획
다락 루	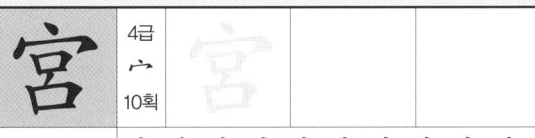

樓閣(다락 누, 누각 각) 사방이 트이게 지은 집.
樓臺(다락 누, 집 대) 높은 건물.

殿	2급 殳 13획
대궐 전	殿殿尸尸屈屈展展殿殿殿

殿閣(대궐 전, 집 각) ① 궁전. ② 궁궐과 누각.
殿下(대궐 전, 아래 하) 왕·왕비 등 왕족을 높여서 부르는 말.

觀	5급 見 25획
볼 관	觀觀觀觀觀觀觀觀觀觀觀

觀客(볼 관, 손 객) 공연 따위를 구경하는 사람.
觀察(볼 관, 살필 찰) 자세히 살펴봄.

盤	3급 皿 15획
서릴 반	

盤石(서릴 반, 돌 석) 너럭바위.
盤結(서릴 반, 맺을 결) 서려서 얽힘.

飛	4급 飛 9획
날 비	飞飞飞飞飞飛飛飛飛

飛火(날 비, 불 화) 튀어 박히는 불똥.
飛行(날 비, 갈 행) 공중으로 날아감.

鬱	2급 木 29획
울창할 울	

鬱蒼(울창할 울, 푸를 창) 큰 나무들이 빽빽하게 들어서 우거진 모양.
憂鬱(근심 우, 울창할 울) 근심스러워 활기가 없음.

驚	4급 馬 23획
놀랄 경	

驚異(놀랄 경, 다를 이) 놀랍고 이상스러움.
驚歎(놀랄 경, 탄식할 탄) 몹시 놀라며 감탄함.

宮殿盤鬱(궁전반울) : 두 서울의 궁전들은 빽빽하게 들어차 있고,
樓觀飛驚(루관비경) : 궁전의 누관(樓觀)은 새가 나는 듯 높이 솟고 놀라 모양을 바꾸는 듯하다.

圖寫禽獸하고 畵綵仙靈이라

온갖 날짐승과 길짐승을 그림으로 그렸고,
신선과 신령스러운 것들을 색칠해서 그렸다.

圖	6급 口 14획						畵	6급 田 13획					
그림 도	圖圖圖圖圖圖圖圖圖圖						그림 화	畵畵畵畵畵畵畵畵畵畵					
圖書(그림 도, 글 서) ① 글씨, 그림, 책 등을 일컫는 말. ② 책. 圖示(그림 도, 볼 시) 그림으로 그리어 보임.							畵家(그림 화, 집 가) 그림 그리는 것을 업으로 삼는 사람. 畵風(그림 화, 바람 풍) 그림을 그리는 취향과 방식.						

寫	5급 宀 15획						綵	무급 糸 14획					
베낄 사	寫寫寫寫寫寫寫寫寫寫						채색 채	綵綵綵綵綵綵綵綵綵					
寫本(베낄 사, 근본 본) 원본을 그대로 베껴 쓴 것. 寫生(베낄 사, 날 생) 있는 그대로 그려냄.							綵緞(채색 채, 비단 단) 비단의 총칭. 文綵(글월 문, 채색 채) 아름다운 광채.						

禽	3급 内 13획						仙	5급 人 5획					
새 금	禽禽禽禽禽禽禽						신선 선	仙仙仙仙仙					
家禽(집 가, 새 금) 집에서 기르는 날짐승. 禽獸(새 금, 짐승 수) 날짐승과 길짐승.							仙境(신선 선, 지경 경) 신선이 사는 곳. 仙女(신선 선, 여자 녀) 여자 신선.						

獸	3급 犬 19획						靈	3급 雨 24획					
짐승 수	獸獸獸獸獸獸獸獸獸獸						신령 령	靈靈靈靈靈靈靈靈靈靈					
獸心(짐승 수, 마음 심) 짐승처럼 사납고 모진 마음. 怪獸(괴이할 괴, 짐승 수) 괴상하게 생긴 짐승.							靈魂(신령 영, 혼 혼) 넋. 마음. 靈妙(신령 영, 묘할 묘) 신령스럽고 기묘함.						

圖寫禽獸(도사금수) : 궁전 안에는 온갖 새와 짐승 그림을 그려 장식하였다.
畵綵仙靈(화채선령) : 신선과 신령들도 그려 곱게 채색하였다.

丙舍는 傍啓하고 甲帳은 對楹이라

병사(兵舍)는 양옆으로 열려 있고,
갑장(甲帳)은 두 기둥 사이에 드리워 있다.

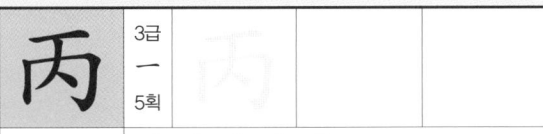

丙	3급 一 5획
남녘 **병**	丙丙丙丙丙

丙科(남녘 병, 과거 과) 과거의 문과 급제자 성적의 셋째 등급.
丙辰(남녘 병, 별 진) 육십갑자리 쉰셋째.

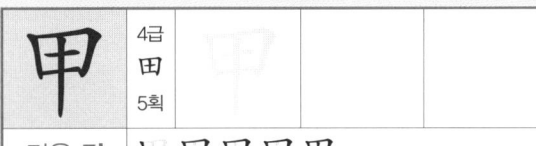

甲	4급 田 5획
갑옷 **갑**	丨口日日甲

甲富(갑옷 갑, 부자 부) 첫째 가는 부자.
回甲(돌아올 회, 첫째천간 갑) 육십갑자의 갑으로 되돌아 옴. 예순한 살.

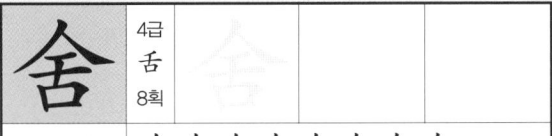

舍	4급 舌 8획
집 **사**	丿𠆢舍舍舍舍舍舍

校舍(학교 교, 집 사) 학교의 건물.
驛舍(역 역, 집 사) 역으로 쓰는 건물.

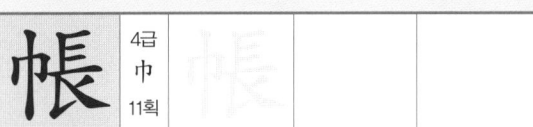

帳	4급 巾 11획
장막 **장**	帳帳帳帳帳帳帳帳帳帳帳

帳幕(장막 장, 휘장 막) 볕, 빛 등을 가리기 위해 둘러치는 물건. | 通帳(통할 통, 장막 장) 예금한 사람에게 출납의 상태를 적어 주는 장부.

傍	3급 人 12획
곁 **방**	傍傍傍傍傍傍傍傍傍傍傍傍

傍觀(곁 방, 볼 관) 곁에서 봄.
傍系(곁 방, 맬 계) 직계에서 갈려 나온 계통.

對	6급 寸 14획
대답 **대**	對對對對對對對對對對對對對對

對應(대답 대, 응할 응) ① 마주 대함. ② 상대방에 응해 일을 함.
對話(대답 대, 이야기 화) 마주 대하여 이야기 하는 것.

啓	3급 口 11획
열 **계**	啓啓啓啓啓啓啓啓啓啓啓

啓蒙(열 계, 어릴 몽) 어린 사람을 깨우쳐 줌.
啓示(열 계, 볼 시) 신의 가르침.

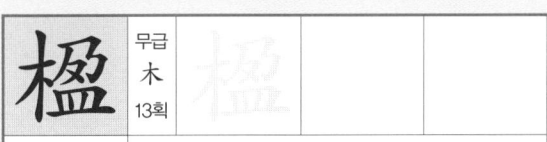

楹	무급 木 13획
기둥 **영**	一十才木朾栌栌楹楹楹楹楹

楹棟(기둥 영, 마룻대 영) 기둥과 마룻대. '중요한 인물'의 비유.
丹楹(붉은 단, 기둥 영) 붉게 칠한 기둥.

丙舍傍啓(병사방계) : 신하들이 머무는 집은 전각의 옆에 열려 있다.
甲帳對楹(갑장대영) : 갑장(甲帳)이라는 휘장은 기둥 사이에 마주하고 있다.

肆筵設席하고 鼓瑟吹笙이라

자리를 펴고 방석을 놓으며, 비파(琵琶)를 타고 생황(笙篁)을 분다.

肆	무급 聿 13획		
베풀 **사**	ㅣ ㄱ ㄷ ㅌ ㅌ ㅌ ㄹ ㅌㅋ ㅌㅋ 肆 肆 肆		

書肆(글 서, 가게 사) 책을 파는 가게.
市肆(시장 시, 가게 사) 시장 거리의 가게.

鼓	3급 攴 14획		
북 **고**	一十古古古壴壴鼓鼓鼓		

鼓吹(북 고, 불 취) 북을 치고 피리를 붊.
小鼓(작을 소, 북 고) 작은 북.

筵	1급 竹 13획		
자리 **연**	筵筵筵筵筌筌筵筵筵		

筵席(자리 연, 자리 석) 임금과 신하가 모여 어떤 문제에 관하여 의견을 나누던 자리.

瑟	2급 王 13획		
비파 **슬**	一二三王珏珏瑟瑟瑟		

鼓瑟(북 고, 비파 슬) 북과 비파.
琴瑟(거문고 금, 비파 슬) 거문고와 비파.

設	4급 言 11획		
베풀 **설**	設設設設設設設設設		

設敎(베풀 설, 가르칠 교) 종교의 교리를 설명하는 것.
設立(베풀 설, 세울 립) 새로 만들어 세움.

吹	3급 口 7획		
불 **취**	吹吹吹吹吹吹吹		

吹入(불 취, 들 입) 공기 따위를 불어 넣음.
吹奏(불 취, 아뢸 주) 관악기를 불어서 연주하는 것.

席	6급 巾 10획		
자리 **석**	席席广户户序席席席席		

席次(자리 석, 버금 차) ① 자리의 차례. ② 성적의 차례. ㅣ 座席(자리 좌, 자리 석) ① 앉는 자리. ② 여러 사람이 모인 자리.

笙	무급 竹 11획		
생황 **생**	笙笙笙笙笙笙笙笙		

笙管(생황 생, 피리 관) 생황.
笙篁(생황 생, 생황 황) 아악(雅樂)에 쓰이는 관악기의 하나.

肆筵設席(사연설석) : 연회(宴會)할 때에 자리를 펴고 방석을 배열한다.
鼓瑟吹笙(고슬취생) : 연회할 때에 비파를 뜯고 생황을 불어 연주한다.

陞階納陛하니 弁轉은 疑星이라

계단으로 오르고 섬뜰로 들어가니,
고깔의 구슬 움직임이 별인 듯 의심한다.

陞
- 무급 / 阝 / 10획
- 오를 승
- 陞級(오를 승, 등급 급) 급수나 등급이 오름. 승급(昇級). | 陞進(오를 승, 나아갈 진) 등급이나 계급이 오름. 승진(昇進).

弁
- 2급 / 廾 / 5획
- 고깔 변
- 弁裳(고깔 변, 치마 상) 관(冠)과 바지.
- 武弁(호반 무, 고깔 변) 무과(武官)이 쓰던 고깔.

階
- 4급 / 阝 / 12획
- 섬돌 계
- 階段(섬돌 계, 층계 단) 오르내리기 위한 층층대.
- 階級(섬돌 계, 등급 급) 지위, 신분의 고하.

轉
- 4급 / 車 / 18획
- 구를 전
- 回轉(돌아올 회, 구를 전) 둥글게 돎. 한 바퀴 돎.
- 移轉(옮길 이, 구를 전) 장소, 주소 등을 다른 데로 옮기는 것.

納
- 4급 / 糸 / 10획
- 바칠 납
- 納稅(바칠 납, 부세 세) 세금을 내는 것.
- 上納(윗 상, 바칠 납) 윗사람에게 금품을 바치는 것.

疑
- 4급 / 疋 / 14획
- 의심할 의
- 疑心(의심할 의, 마음 심) 이상히 여기는 마음.
- 疑惑(의심할 의, 미혹할 혹) 의심하여 분간하지 못함.

陛
- 1급 / 阝 / 10획
- 뜰 폐
- 陛坐(뜰 폐, 앉을 좌) 임금이 앉는 자리.
- 陛下(뜰 폐, 아래 하) 황제나 황후에 대한 경칭.

星
- 4급 / 日 / 9획
- 별 성
- 星座(별 성, 앉을 좌) 별자리.
- 將星(장수 장, 별 성) 군대의 장군 계급.

陞階納陛(승계납폐) : 섬돌을 올라 궁전에 들어간다.
弁轉疑星(변전의성) : 변(弁), 곧 고깔에 달린 구슬이 마치 하늘의 별 같다.

右는 通廣內하고 左는 達承明이라

오른쪽은 광내전(廣內殿)과 통하고, 왼쪽은 승명려(承明廬)에 닿는다.

右 | 7급 口 5획
오른 **우** | ノ ナ 疒 右 右

右方(오른 우, 모 방) 오른쪽.
左右(왼 좌, 오른 우) 왼쪽과 오른쪽.

左 | 7급 工 5획
왼 **좌** | ー ナ 左 左 左

左便(왼 좌, 편할 편) 왼쪽.
左遷(왼 좌, 옮길 천) 왼쪽으로 옮김. 직위가 아래로 떨어짐.

通 | 6급 辶 11획
통할 **통** | 通通マ 圽 甬 甬 涌 涌 涌 通

通達(통할 통, 사무칠 달) ① 막힘 없이 환히 통함. ② 훤히 앎. | 共通(함께 공, 통할 통) 둘 또는 그 이상에서 두루 통하는 것.

達 | 4급 辶 13획
통달할 **달** | 達達達辻 圭 幸 幸 幸 達 達 達

達觀(통달할 달, 볼 관) 세속을 벗어난 높은 격식.
達成(통달할 달, 이룰 성) 목표에 도달하여 이룩함.

廣 | 5급 广 15획
넓을 **광** | 广 广 广 庁 庁 庄 庴 廧 廧 廣 廣

廣野(넓을 광, 들 야) 넓은 들.
廣場(넓을 광, 마당 장) 장애물이 없어서 넓게 트인 곳.

承 | 4급 手 8획
이을 **승** | 承 了 孑 孑 手 承 承 承

承服(이을 승, 복종할 복) 납득하여 따름.
繼承(이을 계, 이을 승) 이어받는 것.

內 | 7급 入 4획
안 **내** | 丨 冂 內 內

內科(안 내, 조목 과) 몸 안 기관에 생긴 병을 돌보는 의술.
內包(안 내, 쌀 포) 속에 포함하는 것.

明 | 6급 日 8획
밝을 **명** | 丨 冂 冃 明 明 明 明 明

明暗(밝을 명, 어두울 암) 밝음과 어두움.
明白(밝을 명, 흰 백) 아주 뚜렷함.

右通廣內(우통광내) : 궁전의 오른쪽은 광내전(廣內殿)으로 통한다.
左達承明(좌달승명) : 궁전의 왼쪽은 승명려(承明廬)로 닿는다.

旣集墳典하고 亦聚群英이라

이미 삼분(三墳)과 오전(五典)을 모으고,
또한 뭇 뛰어난 사람들도 모았다.

旣	3급 无 11획
이미 기	旣旣旣旣旣旣旣旣旣旣旣

旣婚(이미 기, 혼인할 혼) 이미 결혼함.
旣成(이미 기, 이룰 성) 이미 이루어졌음.

亦	3급 亠 6획
또 역	亦亦亠亣亦亦

亦如(또 역, 같을 여) 또한 같음.
亦是(또 역, 이 시) 또한.

集	6급 隹 12획
모을 집	集集集亻亻隹隹隹集集集

集散(모을 집, 흩을 산) 모여듦과 흩어짐.
集約(모을 집, 맺을 약) 한데 모아서 요약함.

聚	2급 耳 14획
모일 취	聚聚聚耳耳耳取取聚聚聚聚

聚落(모일 취, 떨어질 락) 마을.
聚合(모일 취, 합할 합) 모아서 합침.

墳	3급 土 15획
무덤 분	墳墳墳墳墳墳墳墳墳墳墳墳

墳墓(무덤 분, 무덤 묘) 무덤.
封墳(봉할 봉, 무덤 분) 흙을 둥글게 쌓아올려서 만든 무덤.

群	4급 羊 13획
무리 군	群群尹君君君群群群

群衆(무리 군, 무리 중) 광범한 대중.
群居(무리 군, 거할 거) 모여 삶.

典	5급 八 8획
법 전	典口曲典典典典

典雅(법 전, 아담할 아) 법도에 맞아 아담함.
典範(법 전, 모범 범) 법이 될 만한 모범.

英	6급 艸 9획
꽃부리 영	英英英英英英英英英

英雄(꽃부리 영, 수컷 웅) 재능과 지혜가 뛰어난 사람.
英才(꽃부리 영, 재주 재) 뛰어난 재주.

旣集墳典(기집분전) : 광내전에는 이미 삼분(三墳)과 오전(五典)을 모았다.
亦聚群英(역취군영) : 이미 삼분과 오전을 모았고, 또한 여러 영재(英才)를 모아 토론하고 정치가는 도리를 밝혔다.

杜藁鍾隷요 漆書壁經이라

두조(杜操)의 초서(草書)와 종요(鍾繇)의 예서(隷書)가 있고,
옻칠로 쓴 벽 속의 경서(經書)가 있다.

杜門不出(막을 두, 문 문, 아닐 불, 날 출) 집에만 박혀 있어 세상 밖에 나오지 않음.

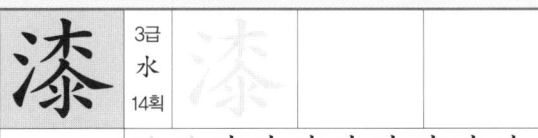

漆器(옻 칠, 그릇 기) 옻칠을 한 그릇.
漆黑(옻 칠, 검을 흑) 옻칠처럼 검음.

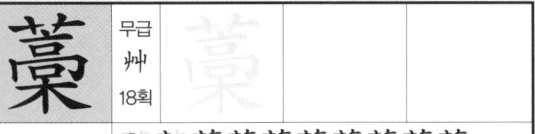

席藁待罪(자리 석, 짚 고, 기다릴 대, 허물 죄) 거적을 깔고 엎드려 처벌을 기다림.

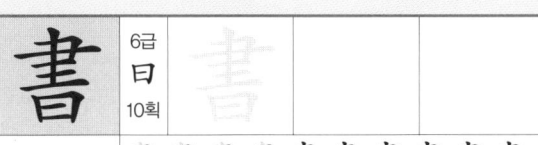

書堂(글 서, 집 당) 글을 가르치는 집.
書店(글 서, 가게 점) 책을 팔거나 사는 가게.

鐘閣(쇠북 종, 집 각) 큰 종을 달아 두기 위하여 지은 누각.
打鐘(때릴 타, 쇠북 종) 종을 치는 일.

壁報(벽 벽, 갚을 보) 내용을 알리기 위해 벽에 붙이는 게시물.
壁畵(벽 벽, 그림 화) 벽에 그린 그림.

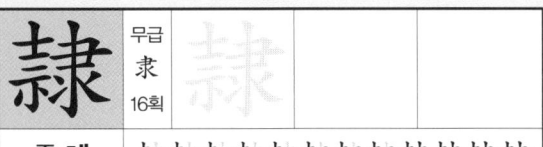

隷屬(종 례, 속할 속) 어떤 것에 매여 딸림.
奴隷(종 노, 종 예) 종.

經歷(글 경, 지날 력) 겪어 온 여러 가지 일들.
經由(글 경, 말미암을 유) 거쳐 지나가는 것.

杜藁鍾隷(두고종예) : 후한의 두조(杜操)라는 사람은 초서(草書)에, 위나라의 종요(鍾繇)는 예서(隷書)에 뛰어난 명필이었다.
漆書壁經(칠서벽경) : 공자(孔子)가 살던 집 벽에서 발견된, 옻으로 써진 경서(經書).

府羅將相하고 路挾槐卿이라

관부(官府)에는 장수와 정승들이 벌여 있고,
길 양옆에는 공경(公卿)의 집들을 끼고 있다.

府	4급 广 8획
마을 부	府府府府府府府府

府使(마을 부, 사신 사) 부(府)의 으뜸 벼슬.
政府(정사 정, 마을 부) 입법, 사법, 행정을 맡은 국가 기관의 총칭.

路	6급 足 13획
길 로	路路路路路路路路路

路線(길 노, 줄 선) 일정한 목표를 향하여 나아가는 길.
進路(나아갈 진, 길 로) 앞으로 나가는 길.

羅列(벌릴 나, 줄 열) 죽 벌여 놓음.
網羅(그물 망, 벌릴 라) 널리 휘몰아 넣어 포함시키는 것.

俠客(낄 협, 손 객) 호협한 기상을 지닌 사람.
義俠(옳을 의, 낄 협) 정의를 위하여 강자를 누르고 약자를 도움.

將卒(장수 장, 군사 졸) 장수와 졸병.
將來(장수 장, 올 래) 앞날.

槐木(회화나무 괴, 나무 목) 회화나무.
槐位(회화나무 괴, 자리 위) 삼공(三公)의 지위.

相關(서로 상, 빗장 관) 서로 관련을 가지는 것.
相逢(서로 상, 만날 봉) 만남.

卿相(벼슬 경, 재상 상) 육경(六卿)과 삼상(三相).
公卿(공 공, 벼슬 경) 삼공(三公)과 구경(九卿). 높은 벼슬 자리.

府羅將相(부라장상) : 관청에서는 장수와 정승이 늘어서서 임금을 알현한다.
路挾槐卿(노협괴경) : 조정의 길에는 3공과 9경이 늘어서 있다.

戶封八縣하고 家給千兵이라

호(戶)로 여덟 고을을 봉(封)해 주고,
그 가문(家門)에는 많은 군사를 주었다.

가호 호 戶 ㄱ ㄲ ㅋ 戶
戶數(가호 호, 수 수) ① 집의 수효. ② 호적상의 가호(家戶)의 수.
戶主(가호 호, 주인 주) 한 집안의 주장이 되는 사람.

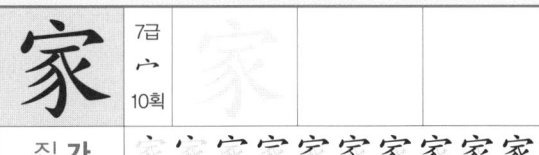

집 가 家
家計(집 가, 셀 계) 살림을 꾸려나가는 수입과 지출의 상태.
家長(집 가, 어른 장) ① 집안의 어른. ② 남편의 지칭.

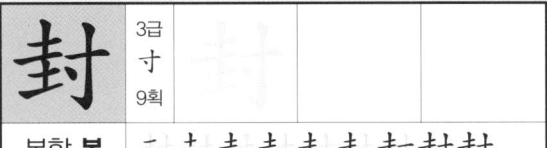

봉할 봉 封
封鎖(봉할 봉, 사슬 쇄) 외부와 내왕 못하게 막음.
封印(봉할 봉, 도장 인) 봉한 자리에 도장을 찍음.

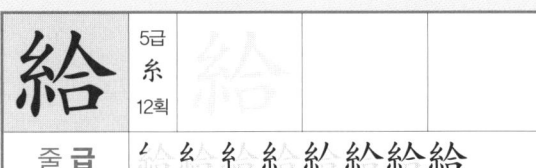

줄 급 給
給與(줄 급, 줄 여) 물품을 줌. 또는 그 물건.
自給(스스로 자, 줄 급) 자기에게 필요한 것을 스스로 마련하는 것.

여덟 팔 八 八 八
八景(여덟 팔, 구경 경) 경치가 좋은 여덟 곳.
八字(여덟 팔, 글자 자) 사람의 한 평생의 운수.

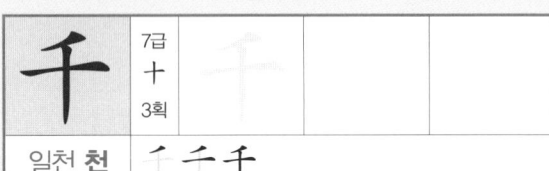

일천 천 千 千 千 千
千萬(일천 천, 일만 만) ① 만의 천 배. 썩 많은 수. ② 매우 많음.
千歲(일천 천, 해 세) 천년이나 되는 긴 세월.

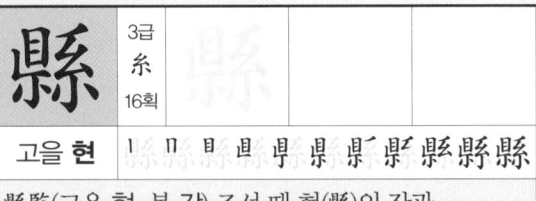

고을 현 縣
縣監(고을 현, 볼 감) 조선 때 현(縣)의 장관.
郡縣(군 군, 고을 현) 행정 단위인 군(郡)과 현(縣).

군사 병 兵
兵士(군사 병, 선비 사) ① 군사. ② 사병.
兵法(군사 병, 법 법) 군사를 지휘하여 전투를 행하는 방법.

戶封八縣(호봉팔현) : 공신들에게 8개의 현(縣)에서 나는 조세로 수입을 삼아 생활하게 했다.
家給千兵(가급천병) : 나라를 위하여 공을 많이 세운 신하에게는 많은 병사를 주어 그들의 가문을 지키게 하였다.

高冠陪輦하고 驅轂振纓이라

높은 관(冠)을 쓴 이들이 임금의 수레를 모시고,
수레를 몰면 끈이 진동한다.

高	6급 高 10획
높을 고	高高高高高高高高高高

高價(높을 고, 값 가) 값이 비싼 것.
高低(높을 고, 낮을 저) 높고 낮음.

驅	3급 馬 21획
몰 구	驅驅驅驅馬馬驅驅驅驅

驅迫(몰 구, 핍박할 박) 못 견디게 굴어 박대함.
驅步(몰 구, 걸음 보) 달음박질로 가는 일.

冠	3급 冖 9획
관 관	冠冠冠冠冠冠冠冠冠

王冠(임금 왕, 관 관) 임금이 머리에 쓰는 관.
衣冠(옷 의, 관 관) ① 옷과 관. ② 문물과 제도.

轂	무급 車 17획
바퀴 곡	轂轂轂轂壹壹壴軎軎轂轂

轂轉(바퀴 곡, 구를 전) 수레바퀴가 구름.
車轂(수레 거, 바퀴 곡) 수레의 바퀴통.

陪	1급 阝 11획
모실 배	陪陪陪陪陪陪陪陪陪陪陪

陪席(모실 배, 자리 석) 웃어른을 모시고 자리를 같이 하는 것.
陪審(모실 배, 살필 심) 재판의 심리에 배석함.

振	3급 扌 10획
떨칠 진	振振振振振振振振振振

振幅(떨칠 진, 폭 폭) 물체가 흔들이는 폭.
振動(떨칠 진, 움직일 동) 흔들리어 움직임.

輦	1급 車 15획
손수레 련	輦輦輦輦輦輦輦輦輦輦輦

輦輿(수레 연, 수레 여) 임금이 타는 수레.
輦下(수레 연, 아래 하) 연여(輦輿)의 아래, 서울.

纓	무급 糸 23획
끈 영	纓纓纓纓糸糸組組纓纓纓纓

纓紳(끈 영, 띠 신) 관의 끈과 큰 띠. 벼슬이 높은 사람의 비유.
冠纓(관 관, 끈 영) 관(冠)의 끈.

高冠陪輦(고관배련) : 임금의 행차 때에는 높은 관을 쓴 대신들이 임금이 타는 수레를 모시고 따른다.
驅轂振纓(구곡진영) : 수레를 몰면 여러 종류의 끈과 술이 진동한다.

世祿侈富하니 車駕肥輕이라

대대로 녹을 받아 사치하고 부유하니,
수레는 가볍고 말은 살찐다.

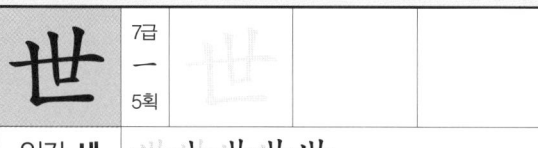

世	7급 一 5획	
인간 세	世 卋 丗 世 世	

世界(인간 세, 지경 계) 인간이 살고 있는 지구.
世波(인간 세, 물결 파) 모질고 거센 세상의 풍파.

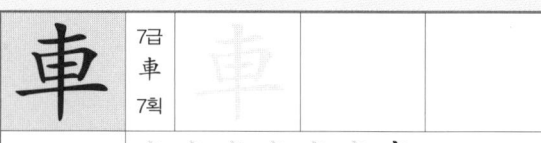

車	7급 車 7획	
수레 거	車 一 厂 亓 亘 車 車	

車道(차 차, 길 도) 차가 다니는 길.
車馬(수레 거, 말 마) ① 수레와 말. ② 사람의 왕래.

祿	3급 示 13획	
녹 록	祿 示 示 示 示 祥 祥 祿 祿	

祿俸(녹 녹, 녹 봉) 벼슬아치에게 봉급으로 주던 것의 총칭.
國祿(나라 국, 녹 록) 나라에서 주는 봉록.

駕	1급 馬 15획	
멍에 가	駕 馬 駕 駕 駕 駕 駕 駕 駕	

駕御(멍에 가, 어거할 어) 말을 길들여 마음대로 부림.
凌駕(능가할 능, 멍에 가) 남보다 훨씬 뛰어남.

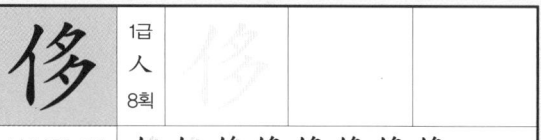

侈	1급 人 8획	
사치할 치	亻 亻 亻 侈 侈 侈 侈 侈	

奢侈(사치할 사, 사치할 치) 필요 이상의 돈이나 물건을 쓰거나 분수에 지나친 생활을 하는 것.

肥	3급 肉 8획	
살찔 비	丿 月 月 月 肥 肥 肥 肥	

肥滿(살찔 비, 찰 만) 살이 쪄서 몸이 뚱뚱한 것.
肥大(살찔 비, 큰 대) 살이 쪄서 몸이 크다.

富	5급 宀 11획	
부자 부	富 富 富 宮 富 富 富 富	

富貴(부자 부, 귀할 귀) 재산이 많고 지위가 높은 것.
巨富(클 거, 부자 부) 썩 큰 부자.

輕	5급 車 14획	
가벼울 경	輕 一 厂 亓 亘 車 車 輕 輕 輕	

輕視(가벼울 경, 볼 시) 가볍게 보는 것.
輕減(가벼울 경, 덜 감) 덜어서 가볍게 하는 것.

世祿侈富(세록치부) : 충성스럽고 공이 많은 신하에게는 자손 대대로 녹봉을 내려 부유하게 살 수 있게 하였다.
車駕肥輕(거가비경) : 공신(功臣)들의 수레는 경쾌하고 수레에 멍에한 말은 살찐 것이다.

策功茂實하고 勒碑刻銘이라

공적을 기록하여 실적을 힘쓰게 하고,
비에 새기고 명문(銘文)으로 파 놓는다.

策 (3급 竹 12획)
꾀 **책**
策略(꾀 책, 간략할 략) 어떤 일을 처리하는 꾀와 방법.
對策(대할 대, 꾀 책) 어떤 일에 대처할 방책.

功 (6급 力 5획)
공 **공**
功過(공 공, 지날 과) 공로와 과오.
功勞(공 공, 수고로울 로) 어떤 일에 힘쓴 노력이나 수고.

茂 (3급 艹 5획)
무성할 **무**
茂盛(무성할 무, 성할 성) 번성함.
茂林(무성할 무, 수풀 림) 나무가 우거진 숲.

實 (5급 宀 14획)
열매 **실**
實習(열매 실, 익힐 습) 실지 작업으로써 기술을 익히는 것.
實話(열매 실, 이야기 화) 실제로 있는 사실의 이야기.

勒 (1급 力 11획)
새길 **륵**
勒銘(새길 늑, 새길 명) 금석(金石)에 문자를 새김.
勒奪(억지로 할 늑, 빼앗을 탈) 억지로 빼앗음.

碑 (4급 石 13획)
비석 **비**
碑銘(비석 비, 새길 명) 비석에 새긴 글.
碑閣(비석 비, 집 각) 안에 비를 세워 놓은 집.

刻 (4급 刀 8획)
새길 **각**
刻印(새길 각, 도장 인) 도장을 새김.
刻薄(새길 각, 얇을 박) 세상 인심이 얇고 인색함.

銘 (3급 金 14획)
새길 **명**
銘心(새길 명, 마음 심) 잊지 않도록 마음에 깊이 새김.
感銘(느낄 감, 새길 명) 느낀 바가 있어 마음에 새김.

策功茂實(책공무실) : 공신(功臣)에게는 그 공을 기려 부귀를 누리게 하여 다른 신하들도 공을 세우는 데 힘쓰게 했다.
勒碑刻銘(늑비각명) : 공신이 죽으면 그의 공을 기려 비(碑)에 공적을 새기고 명문(銘文)을 새긴다.

磻溪와 伊尹은 佐時하여 阿衡이며

반계(磻溪)와 이윤(伊尹)은 때를 도와 아형이 되었다.

磻	2급 石 17획
바위 **반**	

磻溪叟(바위 반, 시내 계, 노인 수) 반계의 노인. 곧, 강태공.
磻石(바위 반, 돌 석) 바위. 큰 돌.

佐	3급 人 7획
도울 **좌**	

保佐(보호할 보, 도울 좌) 보호하여 도움.
補佐(기울 보, 도울 좌) 상관을 도와 일을 처리하는 것.

溪	3급 水 13획
시내 **계**	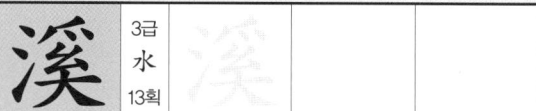

溪川(시내 계, 내 천) 시내와 내.
溪谷(시내 계, 골 곡) 물이 흐르는 골짜기.

時	7급 日 10획
때 **시**	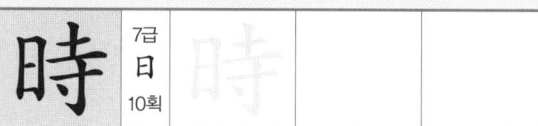

時間(때 시, 사이 간) ① 시각과 시각과의 사이. ② 시각.
四時(넉 사, 때 시) 사계절. 봄, 여름, 가을, 겨울.

伊	2급 人 6획
저 **이**	

伊時(저 이, 때 시) 그 때.
伊人(저 이, 사람 인) 저 사람, 이 사람.

阿	3급 阝 8획
언덕 **아**	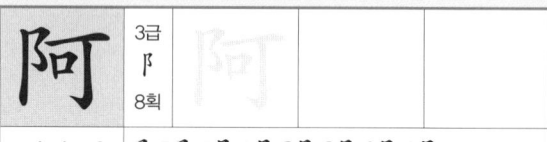

阿附(아첨할 아, 붙을 부) 남의 비위를 맞추고 알랑거리는 것.
阿諂(아첨할 아, 아첨할 첨) 남에게 잘 보이려고 알랑거림.

尹	2급 尸 4획
다스릴 **윤**	

尹司(다스릴 윤, 맡을 사) 벼슬아치.
府尹(부 부, 다스릴 윤) 부(府)의 우두머리.

衡	2급 行 16획
저울대 **형**	

衡平(저울대 형, 평할 평) 균형이 잡혀 있는 일.
均衡(고를 균, 저울대 형) 기울거나 치우치지 않고 고른 상태.

磻溪伊尹(반계이윤) : 주나라 문왕(文王)은 강태공을 반계(磻溪)에서 맞이했고, 은나라 탕왕(湯王)은 이윤(伊尹)을 맞아 천하를 다스렸다.
佐時阿衡(좌시아형) : 은나라 재상 이윤은 탕왕(湯王)을 도와 하(夏)나라의 폭군 걸왕(桀王)을 몰아내고 세상을 평정하니, 탕왕이 그를 기려 아형(阿衡)이라 칭했다.

奄宅曲阜하니 微旦이면 孰營이리오

문득 곡부(曲阜)에 집을 지으니,
단(旦)이 아니면 누가 경영하였겠는가.

奄	1급 大 8획				
오랠 엄	一ナ大太存存奋奄				

奄奄(문득 엄, 문득 엄) 숨이 막 끊어지려는 상태.
奄忽(문득 엄, 갑자기 홀) 매우 갑작스럽게.

微	3급 彳 13획				
작을 미	微彳微微微微微微				

微妙(작을 미, 묘할 묘) 야릇하게 묘함.
微細(작을 미, 가늘 세) 아주 작고 세밀함.

宅	5급 宀 6획				
집 택	宅宅宅宅宅宅				

宅地(집 택, 땅 지) 집터.
住宅(머무를 주, 집 택) 사람이 살 수 있도록 지은 집.

旦	3급 日 5획				
아침 단	丨冂日旦旦				

旦夕(아침 단, 저녁 석) 아침과 저녁.
元旦(으뜸 원, 아침 단) 설날 아침.

曲	5급 日 6획				
굽을 곡	丨冂曰由曲曲				

曲線(굽을 곡, 실 선) 모나지 않고 연속적으로 굽은 선.
曲藝(굽을 곡, 재주 예) 보는 사람을 아슬아슬하게 하는 재주.

孰	3급 子 11획				
누구 숙	孰孰孰孰孰孰享享孰孰孰				

孰是孰非(누구 숙, 옳을 시, 누구 숙, 그를 비) 누가 옳고 누가 그른지 알 수가 없음.

阜	2급 阜 8획				
언덕 부	阜阜阜阜阜阜阜阜				

阜陵(언덕 부, 언덕 릉) 언덕.
阜盛(성할 부, 성할 성) 번성하여 성함.

營	4급 火 17획				
경영 영	營營營營營營營營				

經營(글 경, 경영 영) 관리하고 운영하는 것.
營業(경영 영, 업 업) 이익을 얻기 위하여 사업을 경영하는 것.

奄宅曲阜(엄택곡부) : 어려서 임금이 된 성왕(成王)을 오랫동안 보필한 주공(周公)에게 성왕은 곡부(曲阜)에 큰 집을 하사하였다.
微旦孰營(미단숙영) : 주공이 아니면 누가 거대한 곡부의 집을 경영할 수 있겠는가. 곧, 주공의 업적을 치하한 말.

桓公은 匡合하야 濟弱扶傾하니라

환공(桓公)은 천하를 바로잡고 규합(糾合)하여,
약한 자를 구제하고 기우는 자를 붙들어 주었다.

桓	2급 木 10획
굳셀 **환**	桓 一 † † † † † † † † † 桓

桓桓(굳셀 환, 굳셀 환) 위풍이 당당한 모양.
盤桓(소반 반, 굳셀 환) 머뭇거리며 그 자리를 멀리 떠나지 않는 것.

濟	4급 水 17획
건질 **제**	濟濟濟濟濟濟濟濟濟濟

濟世(건질 제, 세상 세) 세상을 구제함.
救濟(구할 구, 건질 제) 구원하여 건져줌.

公	6급 八 4획
공변될 **공**	ノ 八 公 公

公開(공변될 공, 열 개) 여러 사람에게 널리 터놓는 것.
公言(공변될 공, 말씀 언) 공개적으로 말하는 것.

弱	6급 弓 10획
약할 **약**	弱弱弱弱弱弱弱弱弱弱

弱者(약할 약, 사람 자) 약한 사람.
强弱(강할 강, 약할 약) 강함과 약함.

匡	1급 匚 6획
바를 **광**	匡 匚 三 王 王 匡

匡矯(바를 광, 바로잡을 교) 바로잡음.
匡救(바를 광, 구할 구) 잘못을 바로잡고 도와 줌.

扶	3급 手 7획
붙들 **부**	扶 扶 扶 扶 扶 扶 扶

扶養(붙들 부, 기를 양) 생활 능력이 없는 사람의 생활을 돌보는 것. | 扶助(붙들 부, 도울 조) 잔칫집 등에 돈이나 물건을 보내 돕는 것.

合	6급 口 6획
모을 **합**	合 合 合 合 合 合

合流(모을 합, 흐를 류) 한데 합하여 흐르는 것.
合理(모을 합, 이치 리) 이치에 합당함.

傾	4급 人 13획
기울 **경**	傾 傾 傾 傾 傾 傾 傾

傾斜(기울 경, 비낄 사) 비탈지거나 기울어진 상태.
傾聽(기울 경, 들을 청) 귀를 기울이고 들음.

桓公匡合(환공광합) : 제나라의 환공(桓公)은 천하를 바로잡고 제후들을 규합하였다.
濟弱扶傾(제약부경) : 환공은 주(周)나라의 왕실이 미약할 때는 구제하고 위태로울 때는 붙들어 주었다.

綺는 回漢惠하고 說은 感武丁하니라

기리계(綺里季)는 한(漢)나라 혜제(惠帝)를 돌려 놓았고,
부열(傅說)은 무정(武丁)을 감동시켰다.

綺	1급 糸 14획
비단 기	綺綺糸糸紵紵綺綺綺綺

綺羅(비단 기, 비단 라) 무늬 있는 비단과 얇은 비단.
綺麗(비단 기, 고울 려) 아름다움.

說	5급 言 14획
기쁠 열	說說說說說說說說

說樂(기쁠 열, 즐거울 락) 기쁘고 즐거움. 悅樂(열락).
說明(말씀 설, 밝을 명) 풀이하여 밝힘.

回	4급 口 6획
돌아올 회	丨冂冂回回回

回顧(돌아올 회, 돌아볼 고) 지난 일을 돌이켜 생각함.
回歸(돌아올 회, 돌아올 귀) 다시 제자리에 돌아옴.

感	6급 心 13획
느낄 감	丿厂厂厂咸咸咸咸感感

感動(느낄 감, 움직일 동) 깊이 느끼어 마음이 움직임.
同感(한가지 동, 느낄 감) 같은 느낌. 남과 함께 느끼는 것.

漢	7급 水 14획
한나라 한	漢漢漢漢漢漢漢漢漢

漢字(한나라 한, 글자 자) 중국에서 만들어진 문자.
門外漢(문 문, 바깥 외, 놈 한) 그 일에 전문가가 아닌 사람.

武	4급 止 8획
호반 무	武武武武武武武

武器(호반 무, 그릇 기) 적을 공격하거나 방어하는 데 쓰는 모든 기구.
文武(글월 문, 호반 무) 학문적 지식과 군사상 책략.

惠	4급 心 12획
은혜 혜	惠惠惠惠惠惠惠惠惠

惠施(은혜 혜, 베풀 시) 은혜를 베푸는 것.
恩惠(은혜 은, 은혜 혜) 베풀어 주는 혜택.

丁	4급 一 2획
장정 정	丁丁

兵丁(군사 병, 장정 정) 병역에 종사하는 장정.
壯丁(장할 장, 장정 정) ① 혈기 왕성한 남자. ② 징병 적령자인 남자.

綺回漢惠(기회한혜) : 상산(商山)에 살던 네 분 도사 중 한 사람인 기리계(綺里季)는 위험에 빠진 한나라 태자를 도와 제자리로 돌려 놓았다.
說感武丁(열감무정) : 무정(武丁)의 꿈에 하느님이 훌륭한 재상을 주겠다고 하여 마침내 부열(傅說)을 찾아 등용하여 나라가 중흥하였으니 이는 부열이 무정을 감동시킨 것이다.

俊乂는 密勿하여 多士로 寔寧이라

준수하고 뛰어난 사람들이 경륜을 치밀하게 하니,
많은 선비가 있어 나라가 편안하다.

俊	3급 / 人 / 9획
준걸 준	

俊秀(준걸 준, 빼어날 수) 능력이 매우 뛰어남.
俊傑(준걸 준, 호걸 걸) 재주와 지혜가 뛰어남. 또는 그런 사람.

多	6급 / 夕 / 6획
많을 다	

多角(많을 다, 뿔 각) ① 모가 많음. ② 여러 방면.
過多(지날 과, 많을 다) 지나치게 많음.

乂	무급 / 丿 / 2획
재주 예	

乂安(다스릴 예, 편안할 안) 잘 다스려져 태평함.
乂疾(다스릴 예, 질병 질) 병을 치료함.

士	5급 / 士 / 3획
선비 사	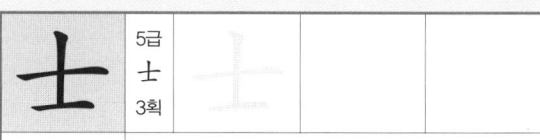

士氣(선비 사, 기운 기) 굳건하고 씩씩한 기세.
勇士(날랠 용, 선비 사) 용맹스러운 사람.

密	4급 / 宀 / 11획
빽빽할 밀	

密度(빽빽할 밀, 법 도) 일정한 면적 속의 빽빽한 정도.
密集(빽빽할 밀, 모일 집) 빽빽이 모임.

寔	무급 / 宀 / 12획
이 식	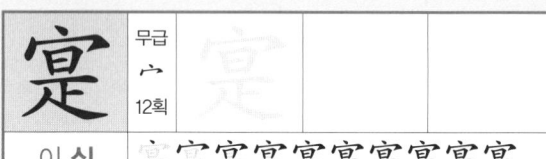

事寔(일 사, 이 식) 있는 그대로의 일.
行寔(행할 행, 이 식) 행실이 소박하고 두터움.

勿	3급 / 勹 / 4획
말 물	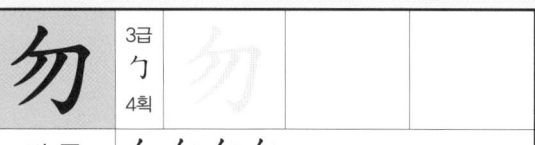

勿論(말 물, 의논할 론) 말할 것도 없음.
勿禁(말 물, 금할 금) 금한 일을 특별히 허락하여 주는 일.

寧	3급 / 宀 / 14획
편안할 녕	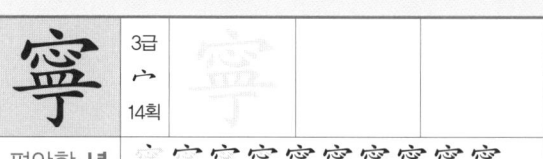

寧日(편안할 영, 날 일) 편안한 날.
安寧(편안할 안, 편안할 녕) 몸이 건강하고 마음이 편안함.

俊乂密勿(준예밀물) : 뛰어난 인재들이 열심히 나랏일을 하였다.
多士寔寧(다사식녕) : 많은 인재들이 관직이 있으니 나라가 태평해졌다.

晉楚는 更霸하고 趙魏는 困橫이라

진(晉)나라와 초(楚)나라는 번갈아 패권(霸權)을 잡았고,
조(趙)나라와 위(魏)는 연횡책(連橫策) 탓에 곤궁해졌다.

晉	2급 / 日 / 10획
나라 진	晉晉晉晉晉晉晉晉晉晉

晉接(나아갈 진, 접할 접) 나아가 만나 뵘.
西晉(서녘 서, 나라 이름 진) 사마염이 세운 나라의 이름.

趙	무급 / 走 / 14획
나라 조	趙趙趙趙趙趙趙趙趙趙

趙客(나라 이름 조, 손 객) 협객(俠客).
趙行(빠를 조, 갈 행) 빨리 감.

楚	2급 / 木 / 13획
나라 초	楚楚楚楚楚楚楚楚楚楚

苦楚(아들 고, 아플 초) 견디기 힘든 괴로움.
淸楚(맑을 청, 고울 초) 깨끗하고 고움.

魏	2급 / 鬼 / 18획
나라 위	魏魏魏魏魏魏魏魏魏魏

魏闕(나라 이름 위, 대궐 궐) 높고 큰 문. 대궐의 정문.
魏魏(높을 위, 높을 위) 높고 높은 모양.

更	4급 / 日 / 7획
다시 갱	更更更更更更更

更新(다시 갱, 새 신) 고치어 새롭게 함.
更生(다시 갱, 날 생) 다시 살아나는 것.

困	4급 / 口 / 7획
곤할 곤	困困困困困困困

困難(곤할 곤, 어려울 란) 몹시 딱하고 어려움.
貧困(가난할 빈, 곤할 곤) 가난해서 살림이 궁색함.

霸	2급 / 雨 / 21획
으뜸 패	霸霸霸霸霸霸霸霸霸霸

霸權(으뜸 패, 권세 권) 한 지방 또는 한 부류 중의 우두머리가 가진 권력.
制霸(누를 제, 으뜸 패) 패권을 잡음.

橫	3급 / 木 / 16획
비낄 횡	橫橫橫橫橫橫橫橫橫橫

橫斷(비낄 횡, 끊을 단) ① 가로 끊음. ② 가로 지나감.
橫暴(비낄 횡, 사나울 포) 제멋대로 굴며 난폭함.

晉楚更霸(진초갱패) : 세월이 지나 제나라의 환공(桓公)이 죽자 진나라의 문공(文公)과 초나라의 장왕(莊王)이 차례로 패주(霸主)가 되었다.
趙魏困橫(조위곤횡) : 약소한 위나라와 조나라는 장의(張儀)의 연횡설(連橫說)을 따랐기 때문에 나라가 위태롭게 되었다.

假途滅虢하고 踐土會盟이라

길을 빌려 괵(虢)나라를 멸망시키고,
천토(踐土)에서 제후(諸侯)를 모아 맹세하게 하였다.

假	4급 人 11획
거짓 가	亻亻亻仉伊伊假假假假

假飾(거짓 가, 꾸밀 식) 거짓으로 꾸밈.
假面(거짓 가, 얼굴 면) ① 탈. ② 거짓으로 꾸미는 행위나 태도.

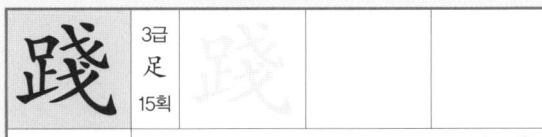

踐	3급 足 15획
밟을 천	趵趵趵趵趵趵踐踐踐踐

踐言(밟을 천, 말씀 언) 말을 실제로 실천함.
實踐(열매 실, 밟을 천) 실제로 행하는 것.

途	3급 辶 11획
길 도	亼亼余余余涂涂途

途上(길 도, 윗 상) ① 길 위. ② 일이 진행되는 과정이나 도중.
長途(긴 장, 길 도) ① 먼 길. ② 오랜 여행.

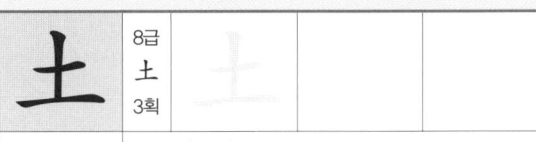

土	8급 土 3획
흙 토	一十土

土質(흙 토, 바탕 질) 흙의 성질.
土壤(흙 토, 곱다란흙 양) 식물에 영양을 공급하여 생장하게 하는 흙.

滅	3급 水 13획
멸할 멸	氵氵沪沪沪沪淢滅滅滅

滅亡(멸할 멸, 망할 망) 망하여 없어짐.
滅裂(멸할 멸, 찢을 렬) 산산조각이 남.

會	6급 日 13획
모일 회	人合合合合會會會會

會見(모일 회, 볼 견) 서로 모여서 봄.
會則(모일 회, 법 칙) 회의 규칙.

虢	무급 虍 15획
나라 괵	虢虢虢虢虢虢虢虢虢

東虢(동녘 동, 나라 이름 괵) 주 무왕의 아우인 괵숙(虢叔)을 봉한 나라. | 西虢(서녘 서, 나라 이름 괵) 주 문왕의 아우인 괵중(虢仲)을 봉한 나라.

盟	3급 皿 13획
맹세 맹	盟盟盟盟盟盟盟盟盟盟

盟約(맹세 맹, 맺을 약) 맹세하여 맺은 굳은 약속.
盟友(맹세 맹, 벗 우) 서로 굳게 약속한 벗.

假途滅虢 (가도멸괵) : 진(晉)나라의 헌공(獻公)은 우(虞)나라의 길을 빌려 괵나라를 멸망시켰다.
踐土會盟 (천토회맹) : 진나라 문공(文公)은 천토(踐土)에서 제후들을 모아 맹세하게 하였다.

何는 遵約法하고 韓은 弊煩刑이니라

소하(蕭何)는 요약한 법을 좇았고,
한비자(韓非子)는 번거로운 형벌에 피폐(疲弊)하였다.

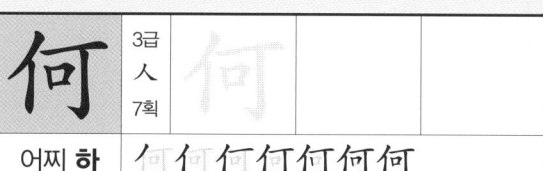

何	3급 人 7획		
어찌 하	何 何 何 何 何 何 何		

何時(어찌 하, 때 시) 어느 때.
如何(같을 여, 어찌 하) 어떠함.

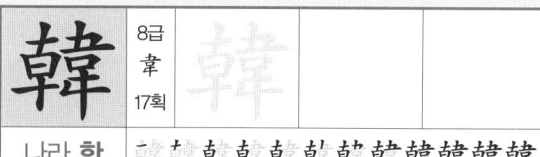

韓	8급 韋 17획		
나라 한	韓 韓 韓 韓 韓 韓 韓 韓 韓 韓		

韓族(나라 한, 무리 족) 한반도 전역에 사는 민족.
韓紙(나라 한, 종이 지) 창호지 따위의 우리나라 종이.

遵	3급 辶 16획		
좇을 준	遵 遵 遵 遵 遵 遵 遵 遵 遵 遵		

遵守(좇을 준, 지킬 수) 법령 등을 따라 지킴.
遵據(좇을 준, 응거할 거) 전례나 명령에 의거함.

弊	3급 廾 15획		
폐단 폐	弊 弊 弊 弊 弊 弊 弊 弊 弊		

弊端(폐단 폐, 실마리 단) 옳지 못한 경향이나 해로운 현상.
弊害(폐단 폐, 해로울 해) 나쁘고 해로운 일.

約	5급 糸 9획		
맺을 약	約 約 約 約 約 約 約 約		

約束(맺을 약, 묶을 속) 상대와 서로 의견을 맞추어 정함.
約定(맺을 약, 정할 정) 약속하여 정함.

煩	1급 火 13획		
번거로울 번	煩 煩 煩 煩 煩 煩 煩 煩		

煩惱(번거로울 번, 머릿골 뇌) 심신이 시달림을 받아 괴로움. | 煩悶(번거로울 번, 민망할 민) 마음이 몹시 답답하여 괴로워함.

法	5급 水 8획		
법 법	法 法 法 法 法 法 法		

法度(법 법, 법 도) 생활에서 지켜야 할 여러 가지 법도.
法律(법 법, 법률 률) 누구나 지켜야 할 나라의 규율.

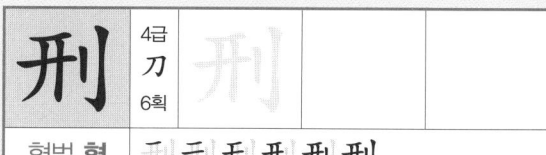

刑	4급 刀 6획		
형벌 형	刑 刑 刑 刑 刑 刑		

刑罰(형벌 형, 벌 벌) 범죄자에게 주는 벌.
減刑(감할 감, 형벌 형) 확정된 형의 일부를 줄임.

何遵約法(하준약법) : 소하(蕭何)는 한나라 고조가 세 가지로 간소화한 법을 따라 가감(加減)하여 실행하였다.
韓弊煩刑(한폐번형) : 한비자(韓非子)는 자신이 주장한 엄한 법률과 가혹한 형벌에 피해를 입었다.

起翦頗牧은 用軍最精이라

백기(白起)·왕전(王翦)·염파(廉頗)·이목(李牧)은
군사 부리기를 가장 정묘(精妙)하게 하였다.

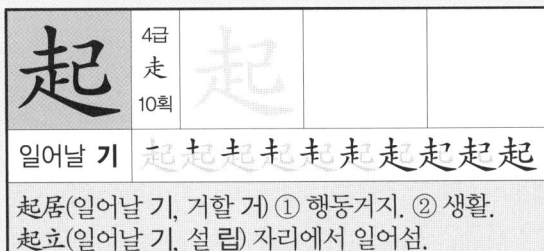

起	4급 走 10획
일어날 기	起起走走走走走起起起

起居(일어날 기, 거할 거) ① 행동거지. ② 생활.
起立(일어날 기, 설 립) 자리에서 일어섬.

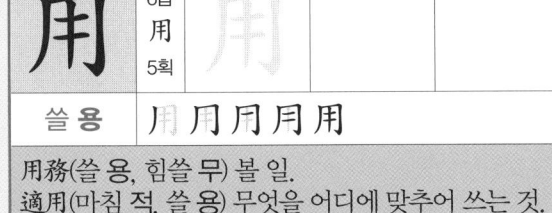

用	6급 用 5획
쓸 용	用丿月月用

用務(쓸 용, 힘쓸 무) 볼 일.
適用(마침 적, 쓸 용) 무엇을 어디에 맞추어 쓰는 것.

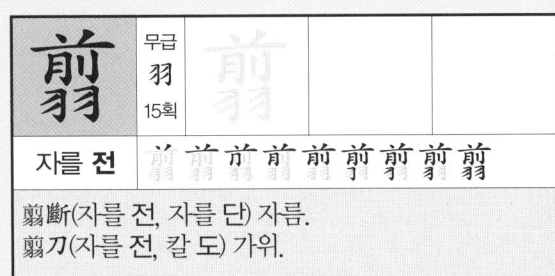

翦	무급 羽 15획
자를 전	翦翦翦翦翦翦翦翦

翦斷(자를 전, 자를 단) 자름.
翦刀(자를 전, 칼 도) 가위.

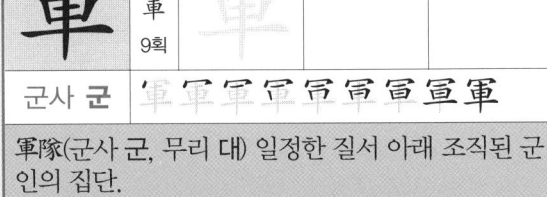

軍	8급 車 9획
군사 군	軍軍軍軍冖冖冖宣軍

軍隊(군사 군, 무리 대) 일정한 질서 아래 조직된 군인의 집단.
軍人(군사 군, 사람 인) 군대에 복무하는 사람.

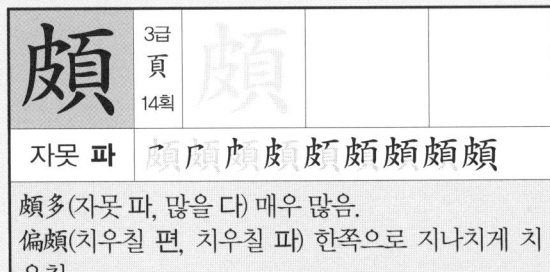

頗	3급 頁 14획
자못 파	頗頗皮皮皮頗頗頗頗

頗多(자못 파, 많을 다) 매우 많음.
偏頗(치우칠 편, 치우칠 파) 한쪽으로 지나치게 치우침.

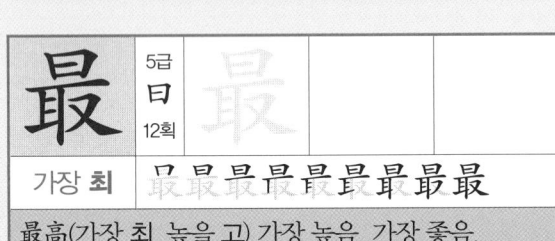

最	5급 日 12획
가장 최	最最最最最最最最

最高(가장 최, 높을 고) 가장 높음. 가장 좋음.
最適(가장 최, 마침 적) 가장 적당하거나 적합한 것.

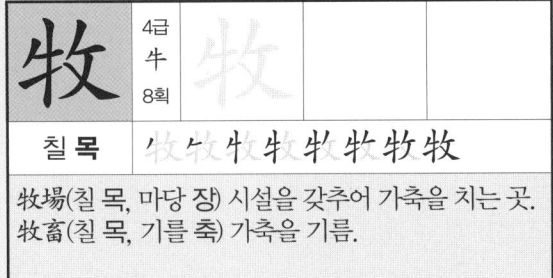

牧	4급 牛 8획
칠 목	牧牧牧牧牧牧牧牧

牧場(칠 목, 마당 장) 시설을 갖추어 가축을 치는 곳.
牧畜(칠 목, 기를 축) 가축을 기름.

精	4급 米 14획
정밀할 정	精精精精精精精精

精密(정밀할 정, 빽빽할 밀) 세밀한 데까지 빈틈없이 정확함.
精算(정밀할 정, 수놓을 산) 정밀하게 계산함.

起翦頗牧(기전파목) : 한중(漢中)을 평정한 백기(白起), 초나라를 친 왕전(王翦), 제나라를 정벌한 염파(廉頗)와 이목(李牧)은
用軍最精(용군최정) : 군대를 쓰는 방법이 가장 뛰어났다.

宣威沙漠하고 馳譽丹青하니라

사막(沙漠)에까지 위력(威力)을 떨치고,
단청(丹青)으로 얼굴을 그려 명예를 드날렸다.

宣	4급 宀 9획	
베풀 선	宣宣宣宣宣宣宣宣宣	

宣布(베풀 선, 베풀 포) 선언하여 공포함.
宣傳(베풀 선, 전할 전) 대중에게 널리 알림.

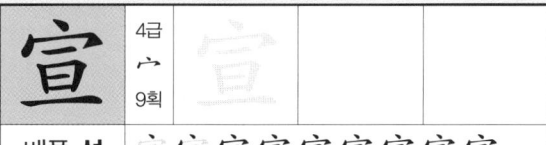

馳	1급 馬 13획	
달릴 치	馳馳馳馳馬馬馬馬馳馳馳	

背馳(등 배, 달릴 치) 서로 등지고 반대 방향으로 달림.
相馳(서로 상, 달릴 치) 서로 어긋남.

威	4급 女 9획	
위엄 위	威威威威威威威威威	

威脅(위엄 위, 으를 협) 위세를 부리며 으르고 협박함.
威力(위엄 위, 힘 력) 권위에 찬 힘.

譽	3급 言 21획	
기릴 예	譽譽譽譽譽譽譽與譽譽	

譽聞(기릴 예, 들을 문) 좋은 평판.
名譽(이름 명, 기릴 예) 세상에서 훌륭하다고 인정되는 평가.

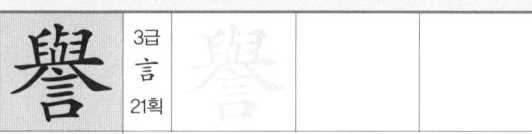

沙	3급 水 7획	
모래 사	沙沙沙沙沙沙沙	

沙漠(모래 사, 아득할 막) 생물이 자라지 않는 모래 벌판.
熱沙(더울 열, 모래 사) 햇볕으로 뜨거워진 모래.

丹	3급 丶 4획	
붉을 단	丹月月丹	

丹心(붉을 단, 마음 심) 속에서 우러나는 참된 마음.
丹粧(붉을 단, 꾸밀 장) 얼굴·옷차림 따위를 아름답게 꾸밈.

漠	3급 水 14획	
아득할 막	漠漠漠漠漠漠漠漠漠	

漠然(아득할 막, 그럴 연) 아득한 모양.
荒漠(거칠 황, 아득할 막) 거칠고 아득하게 넓음.

青	8급 青 8획	
푸를 청	青青青青青青青青	

青綠(푸를 청, 푸를 록) 푸른빛과 초록빛.
青春(푸를 청, 봄 춘) 스무 살 안팎의 젊은이.

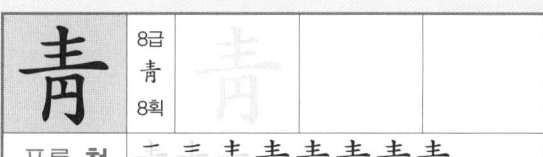

宣威沙漠(선위사막) : 장수로서의 위엄이 멀리 사막에까지 퍼졌다.
馳譽丹青(치예단청) : 공 있는 사람의 얼굴과 모양을 물감으로 그려 명예를 영원히 드날렸다.

九州는 禹跡이요 百郡은 秦幷이라

아홉 주(州)는 우(禹)임금의 자취요,
일백 군(郡)은 진(秦)나라 때 합병하였다.

九	8급 / 乙 / 2획
아홉 구	丿九

九重(아홉 구, 무거울 중) ① 아홉 겹. ② 대궐.
九天(아홉 구, 하늘 천) 하늘의 가장 높은 곳.

百	7급 / 白 / 6획
일백 백	百百百百百百

百姓(일백 백, 성 성) 일반 국민. 서민. 평민.
百官(일백 백, 벼슬 관) 모든 벼슬아치.

州	5급 / 巛 / 6획
고을 주	州州州州州州

州郡(고을 주, 고을 군) 지방 행정 구역인 주와 군.
州縣(고을 주, 고을 현) 지방 행정 구역인 주와 현.

郡	6급 / 阝 / 10획
고을 군	郡ㄱㅋ尹尹君君郡郡

郡民(고을 군, 백성 민) 군(郡)에 사는 주민.
市郡(시 시, 고을 군) 지방 행정 구역인 시와 군.

禹	2급 / 内 / 9획
임금 우	禹禹禹禹禹禹禹禹

禹域(임금 우, 지경 역) 우임금의 땅. '중국'의 딴 이름.
帝禹(제왕 제, 임금 우) 우임금.

秦	2급 / 禾 / 10획
나라 진	秦秦三夫夫秦奉秦秦

秦聲(나라 이름 진, 소리 성) 진나라의 음악.
先秦(먼저 선, 나라 이름 진) 진나라 시황제 이전의 시대.

跡	3급 / 足 / 13획
자취 적	跡跡跡跡跡跡跡

追跡(쫓을 추, 자취 적) 뒤를 쫓는 일.
痕迹(흉터 흔, 자취 적) 뒤에 남은 자국이나 자취.

幷	7급 / 干 / 8획
아우를 병	幷幷幷幷幷幷幷

幷合(아우를 병, 합할 합) 둘 이상의 것을 하나로 합하는 것.
幷呑(아우를 병, 삼킬 탄) 아울러 삼킴.

九州禹跡(구주우적) : 우임금이 산(山)을 따라 나무를 베어 길을 통하게 구분한 9주는 바로 우임금의 발자취이다.
百郡秦幷(백군진병) : 봉건제(封建制)를 폐지하고 설치한 1백 개의 군은 진(秦)나라 때 시작되었다.

嶽은 宗恒岱하고 禪은 主云亭하니라

오악(五嶽)은 항산(恒山)과 대산(岱山)을 종주(宗主)로 하고,
봉선(封禪)은 운운산(云云山)과 정정산(亭亭山)에서 주로 한다.

山嶽(메 산, 큰산 악) 높고 험준하게 솟은 산.
雪嶽(눈 설, 큰산 악) 설악산.

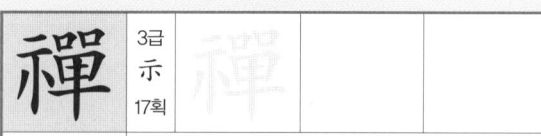

參禪(참여할 참, 터닦을 선) 좌선(坐禪)하여 선을 닦는 것. | 坐禪(자리 좌, 터닦을 선) 불교에서 고요히 앉아서 수행하는 방법.

宗家(마루 종, 집 가) 한 문중에서 맏이로만 이어진 큰 집. | 宗族(마루 종, 겨레 족) 성(姓)과 본(本)이 같은 겨레붙이.

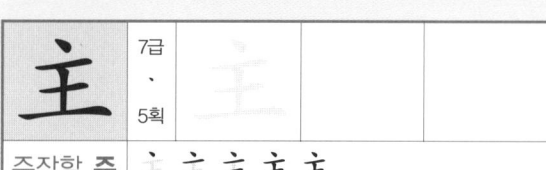

主客(주장할 주, 손 객) 주인과 손님.
主食(주장할 주, 먹을 식) 주로 먹는 음식.

恒久(항상 항, 오랠 구) 변하지 않고 오래 감.
恒常(항상 항, 항상 상) 언제나.

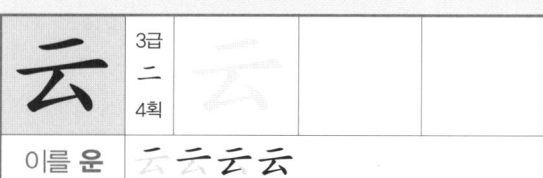

云云(이를 운, 이를 운) 이러이러 함.
云謂(이를 운, 이를 위) 일러 말함.

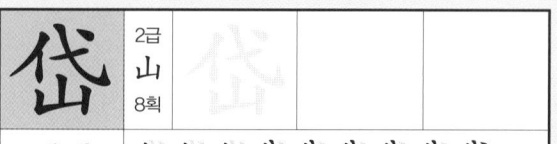

岱山(메 대, 메 산) 태산(泰山)의 딴 이름.
岱華(메 대, 화려할 화) 태산과 화산(華山).

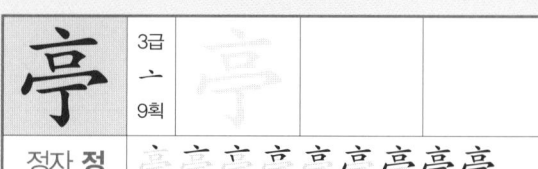

亭閣(정자 정, 집 각) 정자.
亭子(정자 정, 아들 자) 산수가 좋은 곳에 놀기 위하여 지은 집.

嶽宗恒岱(악종항대) : 태산·화산·형상·항산·숭산의 오악(五嶽)은 북쪽의 항산과 동쪽의 태산을 마루로 한다.
禪主云亭(선주운정) : 천자가 봉선(封禪)은 운운산과 정정산에서 주로 하였다.

雁門紫塞요 鷄田赤城이라

안문(雁門)과 자새(紫塞)요, 계전(鷄田)과 적성(赤城)이라.

기러기 안 | 雁 厂 厂 厂 厏 厏 厏 雁 雁
雁鴻(기러기 안, 큰기러기 홍) 기러기와 큰 기러기.
雁書(기러기 안, 글 서) 편지.

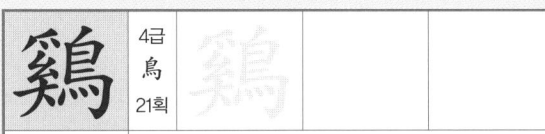

닭 계
鷄卵(닭 계, 알 란) 달걀.
養鷄(기를 양, 닭 계) 닭을 기르는 일.

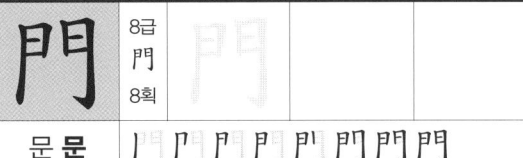

문 문 | 門 門 門 門 門 門 門 門
門前(문 문, 앞 전) 문 앞.
門下(문 문, 아래 하) ① 제자. ② 스승의 밑.

밭 전 | 丨 冂 冂 田 田
田畓(밭 전, 논 답) 밭과 논.
田園(밭 전, 동산 원) ① 논밭과 동산. ② 시골. 교외.

자주색 자
紫色(자주색 자, 빛 색) 자줏빛.
紫錦(자주색 자, 비단 금) 자줏빛의 비단.

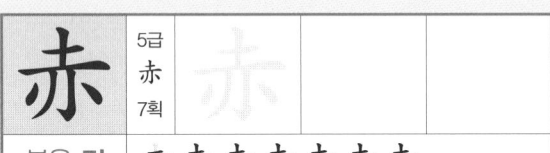

붉을 적 | 赤 赤 赤 赤 赤 赤 赤
赤色(붉을 적, 빛깔 색) 붉은 색.
赤字(붉을 적, 글자 자) ① 붉은 글씨. ② 수입보다 지출이 많음.

변방 새
塞翁之馬(변방 새, 늙은이 옹, 갈 지, 말 마) 인생의 길흉화복(吉凶禍福)은 변화가 많아 예측하기가 힘들다는 뜻의 고사성어.

재 성 | 一 十 土 圹 圻 城 城 城
城壁(재 성, 벽 벽) 성의 벽.
城主(재 성, 주인 주) 성의 주인.

雁門紫塞(안문자새) : 변방에는 봄에 기러기가 북으로 가는 안문과 흙이 붉은 자새라는 고을이 있다.
鷄田赤城(계전적성) : 옹주(雍州)에 있는 계전과 기주(夔州)에 있는 적성 고을이 있다.

昆池碣石과 鉅野洞庭이라

곤지(昆池)와 갈석(碣石)이요, 거야(鉅野)와 동정(洞庭)은,

昆	1급 日 8획	
맏 곤	昆昆昆昆昆昆昆	

昆季(맏 곤, 끝 계) 맏형과 막내 아우. 즉 형제.
昆蟲(뭇 곤, 벌레 충) ① 많은 벌레. ② 곤충류에 딸린 동물의 총칭.

鉅	무급 金 13획	
클 거	鉅鉅鉅鉅鉅鉅鉅鉅	

鉅萬(클 거, 일만 만) 만의 곱절, 아주 많음.
鉅鐵(클 거, 쇠 철) 강철.

池	3급 水 6획	
못 지	池池池池池池	

池閣(못 지, 집 각) 연못가에 있는 누각.
天池(하늘 천, 못 지) 백두산 정상에 있는 못.

野	6급 里 11획	
들 야	野野野野野野野	

野生(들 야, 날 생) 산이나 들에 저절로 나서 자람.
平野(평평할 평, 들 야) 평평하고 넓은 들.

碣	무급 石 14획	
돌 갈	碣碣碣碣碣碣碣	

碣石(돌 갈, 돌 석) 무덤 앞에 세우는 비석.
墓碣(무덤 묘, 돌 갈) 무덤 앞에 세우는 둥근 작은 비석.

洞	7급 水 9획	
고을 동	洞洞洞洞洞洞洞洞洞	

洞口(고을 동, 입 구) 동네의 입구.
洞里(고을 동, 마을 리) 마을.

石	6급 石 5획	
돌 석	石石石石石	

石像(돌 석, 형상 상) 돌로 만든 사람이나 동물의 형상.
石材(돌 석, 재료 재) 건축·조각 등에 재료로 쓰이는 돌.

庭	6급 广 10획	
뜰 정	庭庭庭庭庭庭庭庭	

庭園(뜰 정, 동산 원) 뜰이나 집안에 만들어 놓은 동산.
家庭(집 가, 뜰 정) 한 가족을 단위로 하여 이루어진 생활 공동체.

昆池碣石(곤지갈석) : 큰 못으로는 곤명지(昆明池)가, 큰 산으로는 갈석(碣石)이 있다.
鉅野洞庭(거야동정) : 넓은 들로는 거야(鉅野)가, 호수로는 동정호가 있다.

曠遠綿邈하고 巖岫杳冥하나니라

텅비고 아득히 멀고, 바위와 묏부리가 높이 솟고 물이 아득하게 깊다.

曠野(빌 광, 들 야) 넓은 벌판.
曠日(빌 광, 날 일) 쓸데없이 나날을 보냄.

巖壁(바위 암, 벽 벽) 벽 모양으로 높이 솟은 바위.
巖石(바위 암, 돌 석) 지각을 구성하는 단단한 물질.

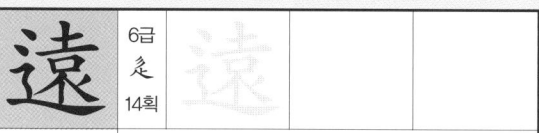

遠景(멀 원, 볼 경) 먼 경치.
永遠(길 영, 멀 원) 어떤 상태가 끝없이 이어짐.

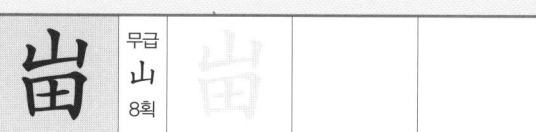

岫居(살굴 수, 살 거) 산의 굴 속에서 삶.
岫雲(산굴 수, 구름 운) 산의 굴에서 일어나는 구름.

綿密(솜 면, 빽빽할 밀) 자세하고 빈틈이 없음.
綿絲(솜 면, 실 사) 무명실.

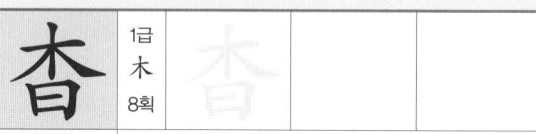

杳冥(아득할 묘, 어두울 명) 그윽하고 어두움.
杳然(아득할 묘, 그러할 연) 아득하여 눈에 아물아물함.

邈邈(멀 막, 멀 막) ① 먼 모양. ② 근심하는 모양.
邈然(멀 막, 그러할 연) ① 아득히 먼 모양. ② 어렴풋한 모양.

冥想(어두울 명, 생각할 상) 눈을 감고 조용히 생각함.
幽冥(그윽할 유, 어두울 명) 깊숙하고 어두움.

曠遠綿邈(광원면막) : 앞에서 말한 산·벌판·호수 등이 아득히 멀리 줄지어 있다.
巖岫杳冥(암수묘명) : 큰 바위와 메뿌리가 우뚝 솟고 물이 아득하게 깊다.

治는 本於農하야 務玆稼穡이라

다스림은 농사를 밑바탕을 삼으니, 이 심고 거두는 일에 힘쓰게 하였다.

治	4급 水 8획
다스릴 치	治治治治治治治治

治國(다스릴 치, 나라 국) 나라를 다스림.
政治(정치 정, 다스릴 치) 나라를 다스리는 일.

務	4급 力 11획
힘쓸 무	務務予予矛矜務務務務務

用務(쓸 용, 일 무) 볼일.
職務(맡을 직, 일 무) 맡아서 하는 일.

本	6급 木 5획
근본 본	一 十 才 木 本

本末(근본 본, 끝 말) 일의 처음과 끝.
本質(근본 본, 바탕 질) 본래부터 갖고 있는 사물의 성질.

玆	3급 玄 10획
이 자	玆玆玆玄玄玄玆玆玆玆

今玆(이제 금, 이 자) 올해. 금년.
來玆(올 내, 이 자) 내년.

於	3급 方 8획
어조사 어	於於方方於於於於

於是乎(어조사 어, 이 시, 어조사 호) 이제야.
甚至於(심할 심, 이를 지, 어조사 어) 심하다 못해 나중에는.

稼	1급 禾 15획
심을 가	稼稼禾稼稼稼稼稼稼稼

稼器(심을 가, 그릇 기) 농사 기구.
稼動(심을 가, 움직일 동) 사람이나 기계로 움직여 일함.

農	7급 辰 13획
농사 농	農農農農農農農農農農

農村(농사 농, 마을 촌) 주민의 대부분이 농업에 종사하는 마을.
農耕(농사 농, 밭갈 경) 농사를 짓는 일.

穡	무급 禾 18획
거둘 색	穡穡穡穡穡穡穡穡穡穡穡

穡夫(거둘 색, 지아비 부) 농부.
稼穡(거둘 가, 거둘 색) 농사를 지어 거두어 들임.

治本於農(치본어농) : 정치는 농사를 근본으로 하였다.
務玆稼穡(무자가색) : 농사를 근본으로 삼았기 때문에 백성들이 농사철을 놓치지 않고 심고 거둘 수 있게 힘썼다.

俶載南畝하고 我藝黍稷하니라

비로소 남쪽 이랑에서 일을 하고, 우리의 기장과 피를 심었다.

俶	무급 人 10획		
비로소 숙	俶亻俶俶佧佧佧佧俶俶		
俶載(비로소 숙, 실을 재) 어떤 일을 처음 시작함. 俶皓(비로소 숙, 복 호) 비로소 하늘의 복을 받음.			

我	3급 戈 7획		
나 아	我我手手我我我		
我執(나 아, 잡을 집) 자기만을 내세움. 自我(스스로 자, 나 아) 나. 자기.			

載	3급 車 13획		
실을 재	載載載載載載載載載載		
搭載(막을 탑, 실을 재) 배·차량·비행기 등에 물건을 싣는 것. 記載(기록할 기, 실을 재) 문서 따위에 적어 넣는 것.			

藝	4급 艸 19획		
재주 예	藝藝藝藝藝藝藝藝		
藝術(재주 예, 재주 술) 미를 창조하는 인간 활동 및 그 작품. 藝能(재주 예, 능할 능) 예술과 기능.			

南	8급 十 9획		
남녘 남	南南南南南南南南		
南極(남녘 남, 가운데 극) 남쪽의 끝. 南向(남녘 남, 향할 향) 남쪽으로 향하는 것.			

黍	1급 禾 12획		
기장 서	黍黍黍黍黍黍黍黍		
黍稷(기장 서, 피 직) 기장과 피. 禾黍(벼 화, 기장 서) 벼와 기장.			

畝	1급 田 10획		
이랑 묘	畝畝畝畝畝畝畝畝		
畝丘(밭두둑 묘, 언덕 구) 밭두둑이 있는 언덕. 田畝(밭 전, 이랑 묘) 밭이랑.			

稷	2급 禾 15획		
피 직	稷稷稷稷稷稷稷稷稷稷		
稷神(피 직, 신령 신) 곡식을 맡은 신. 社稷(모일 사, 피 직) '나라' 또는 '조정'을 일컫는 말.			

俶載南畝(숙재남묘) : 비로소 남쪽에 있는 밭에 나가 농사 일을 하였다.
我藝黍稷(아예서직) : 조상의 제사를 받들 수 있게 우리는 기장과 피를 심어 가꾸었다.

稅熟貢新하고 勸賞黜陟이라

익은 곡식으로 세금을 내고 햇것을 공물(貢物)로 바치며,
권하고 상 주며 내치기도 하고 올려 주기도 한다.

稅	4급 禾 12획		勸	4급 力 20획	
세금 **세**	稅千千千禾禾秒稅稅稅稅		권할 **권**	勸勸勸勸菴菴藋藋勸勸	

稅金(세금 세, 쇠 금) 조세(租稅)로 내는 돈.
納稅(바칠 납, 세금 세) 세금을 냄.

勸奬(권할 권, 권면할 장) 잘 하도록 권하여 장려함.
勸誘(권할 권, 꾀일 유) 권하거나 달램.

熟	3급 火 15획		賞	4급 貝 11획	
익힐 **숙**	熟熟亨亨亨孰孰熟熟		상줄 **상**	賞賞賞賞賞賞賞賞	

半熟(절반 반, 익힐 숙) 반쯤 익은 것.
熟成(익힐 숙, 이룰 성) 충분히 익숙해진 상태가 되는 것.

賞狀(상 상, 문서 장) 상을 나타내는 증서.
副賞(버금 부, 상 상) 정식 상 외에 따로 덧붙여 주는 상.

貢	3급 貝 10획		黜	1급 黑 17획	
바칠 **공**	貢貢貢貢貢貢貢貢貢		내칠 **출**	黜黜黑黑黑黑黜黜黜	

貢獻(바칠 공, 드릴 헌) 이바지함.
貢物(바칠 공, 만물 물) 조정에 바치는 물건.

黜黨(내칠 출, 무리 당) 정당(政黨)에서 쫓아냄.
黜放(내칠 출, 놓을 방) 내쫓음.

新	6급 斤 13획		陟	2급 阝 10획	
새 **신**	新亲亲辛亲新新新		오를 **척**	陟陟阝阝陟陟陟陟	

新年(새 신, 해 년) 새해.
新設(새 신, 만들 설) 새로 만듦.

陟降(오를 척, 내릴 강) 오름과 내림. 오르내림.
進陟(나아갈 진, 오를 척) 일이 잘 진행되어 감.

稅熟貢新(세숙공신) : 토지에서는 익은 곡식으로 세금을 내고 공물(貢物)은 새 것으로 바친다.
勸常黜陟(권상출척) : 농사가 끝나고 나면 열심히 한 자는 권하고 상을 주며, 게을리 한 자는 내쳐 경계하였다.

孟軻는 敦素하고 史魚는 秉直이라

맹자(孟子)는 바탕을 도탑게 하였고,
사어(史魚)는 올곧음을 굳게 지녔다.

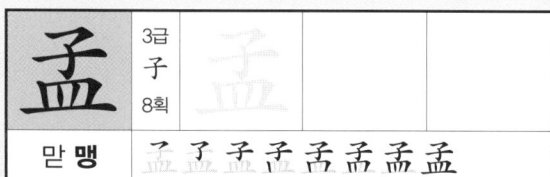

孟	3급 子 8획			
맏 맹	孟子子子孟孟孟孟			

孟春(맏 맹, 봄 춘) ① 초봄. ② 음력 정월.
孟浪(맹랑할 맹, 맹랑할 랑) 생각한 것과 달리 허망함.

史	5급 口 5획			
역사 사	史口口史史			

史家(역사 사, 집 가) 역사를 전문으로 연구하는 사람. 역사가.
歷史(지날 력, 역사 사) 인류사회의 변천과 흥망의 과정.

軻	2급 車 12획			
수레 가	軻百百百車軻軻			

轗軻(가기 힘들 감, 수레 가) 수레가 가기 힘들다는 뜻으로, 일이 뜻대로 진척되지 아니함의 비유.

魚	5급 魚 11획			
물고기 어	魚魚魚魚魚魚魚魚魚			

魚物(고기 어, 만물 물) ① 물고기. ② 가공하여 말린 해산물.
養魚(기를 양, 고기 어) 물고기를 기르는 일.

敦	3급 攵 12획			
도타울 돈	敦敦敦敦享享享敦敦敦			

敦篤(도타울 돈, 도타울 독) 인정이 두터움.
敦厚(도타울 돈, 두터울 후) 인정이 많음.

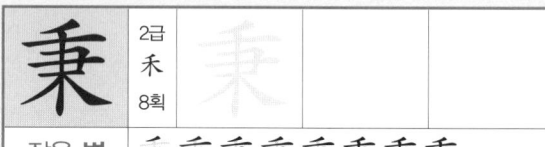

秉	2급 禾 8획			
잡을 병	秉秉秉秉秉秉秉秉			

秉權(잡을 병, 권세 권) 권력을 잡음.
秉燭(잡을 병, 촛불 촉) 촛불을 잡거나 켬.

素	4급 糸 10획			
흴 소	素素素素素素素素素			

素材(바탕 소, 재목 재) 근본이 되는 재료.
素質(바탕 소, 바탕 질) 본디부터 가지고 있는 성질.

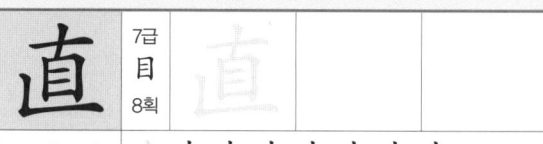

直	7급 目 8획			
곧을 직	直直直直直直直直			

直角(곧을 직, 뿔 각) 두 직선이 만나서 이루는 90도의 각. | 直行(바를 직, 갈 행) ① 바른 행동. ② 쉬지 않고 곧장 감.

孟軻敦素(맹가돈소) : 맹자는 어머니에게 가르침을 받고 자사(子思)에게 배워 본바탕을 두텁게 하였다.
史魚秉直(사어병직) : 사어는 직간(直諫)을 잘 하였다.

庶幾中庸이면 勞謙謹勅하라

거의 중용(中庸)에 가까우려면,
부지런히 일하고 겸손하고 삼가고 신칙(申勅)해야 한다.

庶	3급 广 11획
여럿 서	庶 庶 广 庐 庐 庐 庐 庐 庶 庶 庶

庶務(여럿 서, 힘쓸 무) 일반적인 여러 가지 사무.
庶民(여럿 서, 백성 민) 일반 평민.

勞	5급 力 12획
수고할 로	勞 勞 勞 勞 勞 勞 勞 勞 勞 勞 勞

勞苦(수고할 노, 쓸 고) 애쓰고 고생함.
過勞(지날 과, 수고할 로) 몸이 고달플 정도로 지나치게 일하는 것.

幾	3급 幺 12획
얼마 기	幾 幾 幾 幾 幾 幾 幾 幾 幾 幾

幾年(얼마 기, 해 년) 몇 해.
幾微(얼마 기, 작을 미) 일의 야릇한 기틀.

謙	3급 言 17획
겸손할 겸	謙 謙 謙 謙 謙 謙 謙 謙 謙

謙遜(겸손할 겸, 공손 손) 남을 높이고 제 몸을 낮춤.
謙虛(겸손할 겸, 빌 허) 자기를 비우고 낮춤.

中	8급 丨 5획
가운데 중	中 口 口 中

中途(가운데 중, 길 도) 일이 되어가는 동안. 도중.
集中(모일 집, 가운데 중) 한 곳으로 모이거나 모이게 하는 것.

謹	3급 言 18획
삼갈 근	謹 謹 謹 謹 謹 謹 謹 謹

謹愼(삼갈 근, 삼갈 신) 말과 행동을 삼가서 조심함.
謹嚴(삼갈 근, 엄할 엄) 신중하고 엄격함.

庸	3급 广 11획
떳떳할 용	庸 庸 广 庐 庐 庐 庐 肩 肩 庸

庸劣(떳떳할 용, 용렬할 렬) 어리석고 변변치 못함.
中庸(가운데 중, 떳떳할 용) 어느 쪽으로도 치우치지 않음.

勅	1급 力 9획
칙서 칙	勅 勅 勅 勅 束 勅 束 勅 勅

勅命(칙서 칙, 명령 명) 황제의 명령.
勅書(칙서 칙, 글 서) 황제의 명령을 적은 문서.

庶幾中庸(서기중용) : 어떠한 일에서나 거의 중용(中庸)에 이르르려면
勞謙謹勅(노겸근칙) : 부지런하고 겸손하며 삼가고 신칙하여야 한다.

聆音察理하고 鑑貌辨色하니라

소리를 듣고 이치를 살피며, 모습을 보고 기색(氣色)을 가리어 안다.

聆	1급 耳 11획	
들을 령	聆ㅜㄷㅌㅌㅌ耳耶耹聆聆	

聆聆(들을 영, 들을 령) 깨달아서 아는 모양.
聆風(들을 영, 바람 풍) 소문을 들음.

鑑	3급 金 22획	
거울 감	鑑ㅅㅕ鑑金金釒鋻鋻鑑鑑	

鑑別(거울 감, 다를 별) 감정하여 분별하여 냄.
鑑賞(거울 감, 상줄 상) 예술 작품을 음미함.

音	6급 音 9획	
소리 음	音音音音音音音音音	

音律(소리 음, 법 률) 소리와 음악의 가락.
發音(필 발, 소리 음) 소리를 내는 것.

貌	3급 豸 14획	
모양 모	貌貌貌豸豸豸豹豹貌貌	

貌樣(모양 모, 모양 양) 됨됨이. 생김새.
美貌(아름다울 미, 모양 모) 아름다운 얼굴 모습.

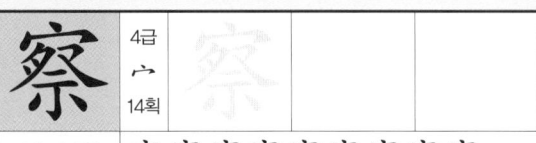

察	4급 宀 14획	
살필 찰	察宀宀宀宀宀察察察	

觀察(볼 관, 살필 찰) 주의하여 자세히 살펴봄.
視察(볼 시, 살필 찰) 두루 보며 사정을 살핌.

辨	4급 辛 16획	
분별할 변	辨ㆍㅗㅗ辛辛刺刺辨辨	

辨理(분별할 변, 이치 리) 일을 분별하여 처리함.
分辨(나눌 분, 분별할 변) 서로 구분을 지어 가르는 것.

理	6급 玉 11획	
이치 리	理丁王珂珥珥珥理理理	

理念(이치 이, 생각할 념) 어떤 것을 이상적으로 여기는 생각이나 견해.
理由(이치 이, 말미암을 유) 까닭.

色	7급 色 6획	
빛 색	色色色色色色	

色盲(빛 색, 어둘 맹) 색각 이상으로 색의 구별이 되지 않는 상태.
色素(빛 색, 흴 소) 색깔의 근원이 되는 물질.

聆音察理(영음찰리) : 지혜로운 사람은 소리를 들어보고 이치에 맞는지를 살핀다.
鑑貌辨色(감모변색) : 용모를 보고서 그 사람의 기색(起色)을 분별한다.

貽厥嘉猷하니 勉其祗植하라

그 아름다운 계책을 끼쳐 주니, 공경히 도(道)를 심기에 힘써라.

貽	1급 貝 12획			
끼칠 이	ノ 厂 F 目 月 貝 貽 貽 貽			
貽訓(끼칠 이, 가르칠 훈) 자손을 위해 남긴 교훈. 貽謀(끼칠 이, 꾀 모) 자손을 위하여 남긴 꾀.				

勉	4급 力 9획			
힘쓸 면	ノ ク 夕 冎 冎 免 免 勉 勉			
勉學(힘쓸 면, 배울 학) 학문에 힘씀. 勤勉(부지런할 근, 힘쓸 면) 부지런히 힘쓰는 것.				

厥	3급 厂 12획			
그 궐	ノ 厂 厂 厂 严 屈 屈 厥 厥 厥			
厥者(그 궐, 놈 자) 그 사람. 厥明(그 궐, 밝을 명) 내일.				

其	3급 八 8획			
그 기	一 十 十 十 艹 甘 其 其			
其實(그 기, 열매 실) 실제의 형편. 其間(그 기, 사이 간) 그 사이. 그동안.				

嘉	1급 口 14획			
아름다울 가	吉 吉 吉 吉 吉 喜 壴 嘉			
嘉名(아름다울 가, 이름 명) 좋은 이름. 嘉宴(아름다울 가, 잔치 연) 경사스러운 잔치.				

祗	1급 示 10획			
공경할 지	祗 祗 オ オ 示 示 示 示 祗 祗			
祗敬(공경할 지, 공경 경) 매우 공경하는 것. 祗服(공경할 지, 복종할 복) 삼가 명령에 복종함.				

猷	무급 犬 13획			
꾀 유	猷 猷 亠 酋 酋 酋 酋 猷 猷			
猷念(꾀 유, 생각할 념) 궁리함. 大猷(큰 대, 꾀 유) 큰 꾀.				

植	7급 木 12획			
심을 식	植 植 植 植 植 植 植 植 植 植 植 植			
植樹(심을 식, 나무 수) 나무를 심음. 移植(옮길 이, 심을 식) 옮겨 심음.				

貽厥嘉猷(이궐가유) : 훌륭한 사람은 자손에게 아름다운 계책을 남겨 준다.
勉其祗植(면기지식) : 공경히 좋은 도(道)를 심어 놓는 데에 힘써야 한다.

省躬譏誡하고 寵增抗極하라

자기몸에 반성하여 살피고 경계하며,
은총(恩寵)이 더하면 극에 도달하였을까 염려해야 한다.

省	6급 目 9획		
살필 성	省省省少少省省省省		

省察(살필 성, 살필 찰) 자기의 마음을 반성하여 살피는 것.
省墓(살필 성, 무덤 묘) 조상의 산소를 찾아 돌봄.

寵	1급 宀 19획		
사랑할 총	寵寵寵寵寵寵寵寵寵寵		

寵兒(사랑할 총, 아이 아) 많은 사람에게 특별한 사랑을 받는 사람.
寵愛(사랑할 총, 사랑 애) 남달리 여기어 특별히 사랑함.

躬	1급 身 10획		
몸 궁	躬丿勹勹身身身身躬躬		

躬率(몸 궁, 거느릴 솔) 몸소 이끎.
躬行(몸 궁, 갈 행) 몸소 행함. 실천함.

增	4급 土 15획		
더할 증	增增增增增增增增增		

增加(더할 증, 더할 가) 더 늘어서 많아지는 것.
增築(더할 증, 쌓을 축) 지어진 건물에 덧붙여 짓는 것.

譏	1급 言 19획		
나무랄 기	言譏譏譏譏譏譏譏譏		

譏謗(나무랄 기, 나무랄 방) 헐뜯음. 비방.
譏察(살필 기, 살필 찰) 살핌. 조사함.

抗	4급 扌 7획		
겨룰 항	抗抗抗抗抗抗抗		

抗拒(겨룰 항, 맞설 거) 막아내기 위하여 대항함.
抗辯(겨룰 항, 말잘할 변) 항거하여 변론함.

誡	무급 言 14획		
경계할 계	誡誡誡誡誡誡誡誡		

誡命(경계할 계, 목숨 명) 도덕상, 종교상 지켜야 할 규율.
誡勉(경계할 계, 힘쓸 면) 훈계하고 격려함.

極	4급 木 13획		
극진할 극	極極極極極極極極極		

極限(극진할 극, 한정 한) 끝닿은 한계.
至極(이를 지, 극진할 극) 더없이 극진함.

省躬譏誡(성궁기계) : 신하는 스스로의 몸에 반성해서 살피고 경계한다.
寵增抗極(총증항극) : 임금의 총애가 더할수록 극에 도달하였을까 염려하여 더욱 조심하여야 한다.

殆辱近恥하니 林皐에 幸卽하라

위태로움과 욕을 당하여 부끄러움이 가까우니,
숲이 우거진 언덕으로 나아가야 한다.

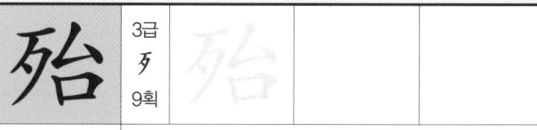

殆	3급 歹 9획
위태 **태**	殆殆殆殆殆殆殆殆殆

殆半(거의 태, 반 반) 거의 절반.
殆無(거의 태, 없을 무) 거의 없음.

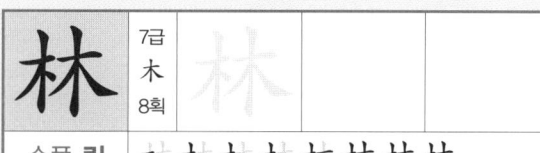

林	7급 木 8획
수풀 **림**	林林林林林林林林

林野(수풀 임, 들 야) 나무가 무성한 들.
林業(수풀 임, 업 업) 산림을 경영하는 산업.

辱	3급 辰 10획
욕할 **욕**	辱辱辱辱辱辱辱辱辱辱

辱說(욕할 욕, 말씀 설) 남을 저주하는 말. 명예를 더럽히는 말.
凌辱(업신여길 능, 욕할 욕) 업신여겨 욕보이는 것.

皐	2급 白 11획
언덕 **고**	皐皐皐皐皐皐皐皐皐皐皐

皐鼓(언덕 고, 북 고) 큰 북.
皐復(언덕 고, 돌아올 복) 초혼하고 발상하는 의식.

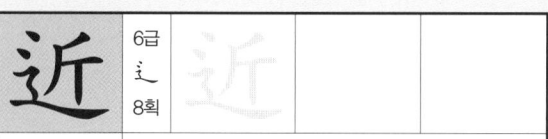

近	6급 辶 8획
가까울 **근**	近近近近近近近近

近代(가까울 근, 대신 대) 얼마 지나지 않은 가까운 시대.
接近(접할 접, 가까울 근) 가까이 다가감.

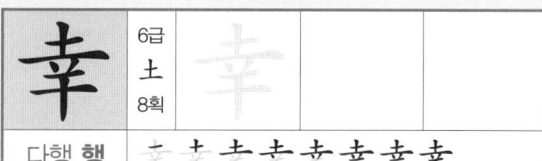

幸	6급 土 8획
다행 **행**	幸幸幸幸幸幸幸幸

幸福(다행 행, 복 복) 복된 좋은 운수.
幸運(다행 행, 운수 운) 좋은 운수. 행복한 운수.

恥	3급 耳 10획
부끄러울 **치**	恥恥恥恥恥恥恥恥恥恥

恥辱(부끄러울 치, 욕할 욕) 부끄러움과 욕됨.
羞恥(부끄러울 수, 부끄러울 치) 부끄러움.

卽	3급 卩 9획
곧 **즉**	卽卽卽卽卽卽卽卽卽

卽興(곧 즉, 일 흥) 바로 그 자리에서 일어나는 흥.
卽效(곧 즉, 본받을 효) 즉시 나타나는 효과.

殆辱近恥(태욕근치) : 신하가 만족할 줄 몰라 위태로움과 욕된 일을 당하여 치욕이 가깝다.
林皐幸卽(임고행즉) : 만족할 줄 안다면 숲이 우거진 언덕으로 나아가서 살아야 한다.

兩疏는 見機하니 解組를 誰逼이리오

두 소씨(疏氏)는 기미(機微)를 알아 보았으니,
인끈을 풀고 물러감을 누가 다그칠 수 있겠는가.

兩	4급 入 8획
두 양	兩兩兩兩兩兩兩兩

兩家(두 양, 집 가) 양쪽 집안.
兩面(두 양, 낯 면) 사물의 두 면. 겉과 안.

解	4급 角 13획
풀 해	解角角角角解解解解

解析(풀 해, 쪼갤 석) 상세히 풀어서 이론적으로 연구함.
解決(풀 해, 결단할 결) 제기된 일을 해명 처리함.

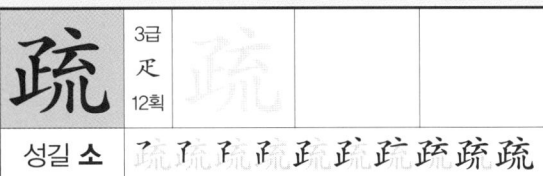

疏	3급 疋 12획
성길 소	疏疏疏疏疏疏疏疏疏

疏忽(성길 소, 문득 홀) 데면데면하고 가벼움.
疏外(성길 소, 밖 외) 싫어하여 따돌리는 것.

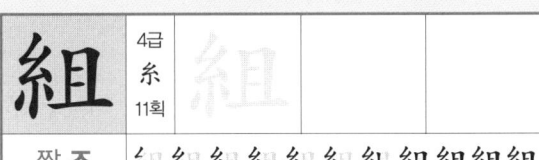

組	4급 糸 11획
짤 조	組組組組組組組組組組

組立(짤 조, 설 립) 짜 맞춤.
組織(짤 조, 짤 직) 체계 있는 집단을 짬.

見	5급 見 7획
볼 견	見見見見見見見

見聞(볼 견, 들을 문) 보고 들은 것.
見學(볼 견, 배울 학) 실제로 보고 배우는 것.

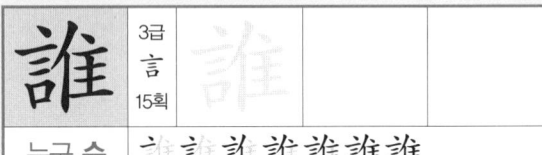

誰	3급 言 15획
누구 수	誰誰誰誰誰誰誰

誰某(누구 수, 아무 모) 아무개.
誰何(누구 수, 어찌 하) ① 누구. ② '누구냐'고 묻는 말.

機	4급 木 16획
틀 기	機機機機機機機機機機機

機械(틀 기, 기계 계) 일정한 작업을 하는 장치.
機能(틀 기, 능할 능) 어떤 분야에서 하는 역할.

逼	1급 辶 13획
핍박할 핍	逼逼逼逼逼逼逼逼

逼迫(핍박할 핍, 핍박할 박) 바싹 죄어서 몹시 괴롭힘.
逼眞(핍박할 핍, 참 진) 실물과 매우 비슷함.

兩疏見機(양소견기) : 한나라의 소광과 소수는 조짐을 보고 미리 알았다.
解組誰逼(해조수핍) : 인끈을 풀고 사직하고 돌아가니 누가 핍박할 수 있으리오.

索居閒處하고 沈默寂寥라

한가롭게 거처하고 있으며, 침묵을 지키고 고요하게 산다.

索

- 3급 / 糸 / 10획
- 한가할 삭, 찾을 색
- 索索索索索索索索索索
- 索引(찾을 색, 당길 인) 책의 내용을 찾아보기 쉽게 한 목록.
- 搜索(찾을 수, 찾을 색) 더듬어 찾는 것.

沈

- 3급 / 水 / 7획
- 잠길 침
- 沈沈沈沈沈沈沈
- 沈沒(잠길 침, 빠질 몰) 물속에 가라앉는 것.
- 沈着(잠길 침, 입을 착) 행동이 들뜨지 않고 찬찬함.

居

- 4급 / 尸 / 8획
- 살 거
- 居尸尸居居居居居
- 居處(살 거, 곳 처) 살고 있는 곳.
- 居留(살 거, 머무를 류) 일시적으로 머물러 삶.

默

- 3급 / 黑 / 16획
- 잠잠할 묵
- 默默默默默默黑黑默默默
- 默念(잠잠할 묵, 생각 념) 말없이 가만히 생각함.
- 默過(잠잠할 묵, 지날 과) 잘못을 알고도 모르는 체하고 넘김.

閒

- 4급 / 門 / 12획
- 한가할 한
- 閒閒閒閒閒門門門門閒閒閒
- 閒寂(한가할 한, 고요할 적) 한가하고 고요함.
- 閒職(한가할 한, 벼슬 직) 늘 한가한 직책.

寂

- 3급 / 宀 / 11획
- 고요할 적
- 寂寂寂寂寂寂宀寂寂寂寂
- 寂寞(고요할 적, 정막할 막) 고요하고 쓸쓸한 것.
- 鬱寂(울창할 울, 고요할 적) 불평불만이 발산되지 않고 겹쳐 쌓임.

處

- 4급 / 虍 / 11획
- 곳 처
- 處處處虍虍虎虎虎處處處
- 處所(곳 처, 바 소) 거처하는 곳.
- 居處(살 거, 곳 처) 살고 있는 장소.

寥

- 1급 / 宀 / 14획
- 쓸쓸할 료
- 寥寥寥寥寥寥寥寥
- 寥寥(쓸쓸할 요, 쓸쓸할 료) 고요함.
- 寂寥(고요할 적, 쓸쓸할 료) 고요하고 쓸쓸함.

索居閒處(삭거한처) : 벼슬을 그만두고 한가한 곳을 찾아 거처하고 있다.
沈默寂寥(침묵적료) : 세상 일에 관여하지 않고 침묵을 지키면서 고요하게 산다.

求古尋論하고 散慮逍遙하니라

옛것을 구하여 찾고 의논하며,
잡된 생각을 흩어 버리고 한가로이 노닌다.

求	4급 水 7획	
구할 구	求 亅 亅 求 求 求 求	

求職(구할 구, 벼슬 직) 일자리를 구하는 것.
求命(구할 구, 목숨 명) 생명을 구함.

散	4급 攵 12획	
흩어질 산	散 散 散 散 散 散 散 散 散	

散發(흩어질 산, 필 발) 때때로 일어나는 것.
散文(흩어질 산, 글월 문) 자유로운 형식으로 쓴 글.

古	6급 口 5획	
옛 고	古 古 古 古 古	

古都(옛 고, 도읍 도) 오래된 도시.
太古(클 태, 옛 고) 아주 오랜 옛날.

慮	4급 心 15획	
생각할 려	慮 慮 慮 慮 慮 慮 慮 慮 慮	

思慮(생각 사, 생각할 려) 일에 대하여 주의 깊게 생각하는 것.
心慮(마음 심, 생각할 려) 깊이 생각하는 일.

尋	3급 寸 12획	
찾을 심	尋 尋 尋 尋 尋 尋 尋 尋	

尋訪(찾을 심, 찾을 방) 방문하여 찾아봄.
尋人(찾을 심, 사람 인) 사람을 찾음.

逍	1급 辶 11획	
노닐 소	逍 逍 逍 逍 肖 肖 肖 消 消 逍	

逍遙(노닐 소, 멀 요) 자유롭게 이리저리 돌아다님.
逍風(노닐 소, 바람 풍) 갑갑한 마음을 풀기 위하여 바람을 쐼.

論	4급 言 15획	
의논할 론	論 論 論 論 論 論 論	

論說(의논할 논, 말씀 설) 사물을 평론하고 설명함. 또는 그 글.
論評(의논할 논, 평할 평) 논하면서 비평함.

遙	3급 辶 14획	
멀 요	遙 遙 遙 遙 遙 遙 遙 遙 遙	

遙望(멀 요, 바랄 망) 멀리 바라봄.
遙遠(멀 요, 멀 원) 아득히 멂.

求古尋論(구고심론) : 한가롭게 거처하면서도 옛것에서 진리를 구하여 찾고 토론한다.
散慮逍遙(산려소요) : 세상 일에 얽매이는 잡된 생각은 흩어 버리고 한가롭게 유유자적(悠悠自適)한다.

欣奏累遣하고 感謝歡招하느니라
기쁜 일은 아뢰고 나쁜 일을 보내면, 슬픔은 사라지고 기쁨이 온다.

欣	1급 欠 8획
기쁠 흔	亻 亻 斤 斤 欣 欣 欣 欣

欣賞(기쁠 흔, 상줄 상) 기뻐하고 칭찬함.
欣快(기쁠 흔, 쾌할 쾌) 기쁘고 유쾌함.

感	무급 心 15획
슬플 척	丿 厂 厂 厂 厂 咸 咸 咸 咸 感 感

感感(슬플 척, 슬플 척) 걱정하는 모양.
愁感(근심 수, 슬플 척) 근심하여 슬퍼함.

奏	3급 大 9획
아뢸 주	一 二 三 丰 夫 表 表 奏 奏

奏樂(아뢸 주, 풍류 악) 음악을 연주함.
奏效(아뢸 주, 본받을 효) 효력을 나타냄.

謝	4급 言 17획
사례할 사	言 言 訁 訁 訁 訁 謝 謝 謝 謝

謝恩(사례할 사, 은혜 은) 받은 은혜에 대해 고마운 뜻을 보임.
謝意(사례할 사, 뜻 의) 감사히 여기는 뜻.

累	3급 糸 11획
여러 누	累 累 累 累 累 累 累 累 累 累 累

累進(여러 누, 나갈 진) 차례로 오름.
累計(여러 누, 셈할 계) 소계를 계속하여 덧붙여 더하는 것.

歡	4급 欠 22획
기쁠 환	歡 歡 歡 歡 歡 歡 歡 歡 歡 歡 歡

歡迎(기쁠 환, 맞을 영) 기쁜 마음으로 맞는 것.
歡送(기쁠 환, 보낼 송) 좋은 일로 가는 사람을 기쁘게 보내는 것.

遣	3급 辶 14획
보낼 견	遣 遣 岂 岂 冎 貴 肯 遣

遣歸(보낼 견, 돌아갈 귀) 돌려 보냄.
派遣(보낼 파, 보낼 견) 일정한 임무를 주어서 사람을 내보내는 것.

招	4급 手 8획
부를 초	招 招 招 招 招 招 招 招

招待(부를 초, 모실 대) 손님을 불러서 대접함.
招來(부를 초, 올 래) 어떤 결과를 가져오게 함.

欣奏累遣(흔주누견) : 한가롭게 살며 잡된 생각을 흩어버리면 기쁘고 즐거운 일은 모여들고, 번거롭고 귀찮은 일들을 보내버릴 수 있다.
感謝歡招(척사환초) : 이러면 슬픔은 사라지고 기쁨은 찾아온다.

渠荷는 的歷하고 園莽은 抽條니라

도랑의 연꽃은 환하게 곱고,
동산의 풀은 가지가 뻗어 우거진다.

渠 (1급 / 水 / 12획) — 개천 거
渠渠渠渠渠渠渠渠渠渠
渠水(개천 거, 물 수) 땅을 파서 물이 흐르게 한 통로.
渠帥(우두머리 거, 장수 수) 악당의 우두머리.

園 (4급 / 囗 / 13획) — 동산 원
園園園園園園園園園園
園藝(동산 원, 재주 예) 채소·화초·과목 등을 심어 가꾸는 일. | 公園(공변될 공, 동산 원) 공공의 휴식을 위한 정원, 동산.

荷 (3급 / 艹 / 11획) — 연꽃 하
荷荷荷荷荷荷荷荷荷荷
荷物(짐 하, 만물 물) 자동차·배 등으로 실어 나르는 짐.
荷役(짐 하, 부릴 역) 짐을 싣고 내리고 하는 일.

莽 (무급 / 艹 / 12획) — 풀 망
莽莽莽莽莽莽莽莽莽
莽莽(우거질 망, 우거질 망) 풀이 우거진 모양.
草莽(풀 초, 풀 망) 풀의 떨기. 풀숲.

的 (5급 / 白 / 8획) — 밝을 적
的的的的的的的的
的確(밝을 적, 확실할 확) 의심할 나위 없이 확실함.
的中(밝을 적, 가운데 중) 딱 들어맞음.

抽 (3급 / 手 / 8획) — 뺄 추
抽抽抽抽抽抽抽抽
抽籤(뺄 추, 제비 첨) 제비를 뽑음. 제비뽑기.
抽出(뽑을 추, 날 출) 고체·액체 등에서 어떤 물질을 뽑아 냄.

歷 (5급 / 止 / 16획) — 지날 력
歷歷歷歷歷歷歷歷歷歷
歷代(지날 역, 대신 대) 이어 내려온 여러 대.
歷任(지날 역, 믿을 임) 여러 벼슬을 차례로 거쳐 지내는 것.

條 (4급 / 木 / 11획) — 가지 조
條條條條條條條條條條
條件(가지 조, 사건 건) 어떤 일에 필요한 요소.
條目(가지 조, 눈 목) 낱낱의 조나 항목.

渠荷的歷(거하적력) : 개천에 연꽃이 만발하여 환하게 아름답다.
園莽抽條(원망추조) : 동산의 풀들은 무성하여 가지들이 뻗어 있다.

枇杷는 晩翠하고 梧桐은 早凋라

비파나무는 늦게까지 푸르고,
오동잎은 일찍 시든다.

枇	무급 / 木 / 8획
나무 비	枇 一十才木 枇枇枇

枇杷(비파나무 비, 비파나무 파) 비파나무. 또는 그 열매.
枇沐(참빗 비, 목욕할 목) 빗질하고 머리 감음.

梧	2급 / 木 / 11획
오동 오	梧 一十才木 杆杆桓梧梧梧

梧桐(오동 오, 오동 동) 오동나무.
枝梧(지탱할 지, 버틸 오) 버팀.

杷	무급 / 木 / 8획
나무 파	杷 一十才木 杞杞杷杷

杷土(써레 파, 흙 토) 땅을 평평하게 고름.
枇杷(비파나무 비, 비파나무 파) 비파나무. 또는 그 열매.

桐	2급 / 木 / 10획
오동 동	桐 一十才木 桐桐桐桐桐

桐君(오동나무 동, 군자 군) 거문고의 딴 이름.
桐梓(오동나무 동, 가래나무 재) 오동나무와 가래나무. 곧, 좋은 재목.

晩	3급 / 日 / 11획
늦을 만	晩 ㅣ 冂 日 旷 晩 晩 晩 晩

晩秋(늦을 만, 가을 추) 늦은 가을.
晩年(늦을 만, 해 년) 나이가 늙어 가는 시기.

早	4급 / 日 / 6획
이를 조	早 ㅣ 口 日 旦 早 早

早朝(이를 조, 아침 조) 이른 아침.
早晩(이를 조, 늦을 만) 이름과 늦음.

翠	1급 / 羽 / 14획
푸를 취	翠 翠翠翠翠翠翠翠翠

翠玉(푸를 취, 구슬 옥) 푸른 옥.
翠影(푸를 취, 그림자 영) 파란 초목의 그림자.

凋	1급 / 冫 / 10획
시들 조	凋 凋凋凋凋凋凋凋凋

凋枯(시들 조, 마를 고) 시들어 말라버림.
凋落(시들 조, 떨어질 락) 초목의 잎이 시들어 떨어지는 것.

枇杷晩翠(비파만취) : 비파나무는 계절이 늦도록 푸르르다.
梧桐早凋(오동조조) : 오동나무는 그 잎이 일찍 시들어 말라 떨어진다.

陣根은 委翳하고 落葉은 飄颻라

묵은 뿌리들은 땅에 쌓이고 덮이며, 떨어지는 잎들은 바람에 나부낀다.

陳	4급 阝 11획
묵을 진	陳陳陳陳陳陳陳陳陳陳陳

陳腐(묵을 진, 썩을 부) 케케묵고 낡음.
陳謝(늘어놓을 진, 끓을 사) 사과의 말을 함.

根	6급 木 10획
뿌리 근	根十十十十十十根根根

根幹(뿌리 근, 줄기 간) 뿌리와 줄기. 곧, 중요한 기본.
根據(뿌리 근, 의거할 거) 근본이 되는 거점.

委	4급 女 8획
맡길 위	委二千禾禾禾委委

委託(맡길 위, 부탁할 탁) 부탁하여 책임을 맡김.
委任(맡길 위, 맡을 임) 일처리를 다른 사람에게 맡김.

翳	무급 羽 17획
가릴 예	翳翳医医医殹殹翳翳

翳昧(가릴 예, 어두울 매) 가리워서 어두움.
翳翳(가릴 예, 가릴 예) 해가 저물어 어둑어둑한 모양.

落	5급 艹 13획
떨어질 락	落落落落落落落落落落落落落

落雷(떨어질 낙, 우뢰 뢰) 벼락이 떨어지는 것.
墜落(떨어질 추, 떨어질 락) 높은 곳에서 떨어지는 것.

葉	5급 艹 13획
잎사귀 엽	葉葉葉葉葉葉葉葉葉葉葉葉葉

葉書(잎사귀 엽, 글 서) 우편엽서.
枝葉(가지 지, 잎 엽) ① 가지와 잎. ② 부차적인 부분.

飄	1급 風 20획
날릴 표	飄一丆西西覀票票票飄飄飄飄

飄泊(날릴 표, 쉴 박) 고향을 떠나 정처 없이 떠돌아다님. | 飄風(날릴 표, 바람 풍) ① 회오리 바람. ② 바람에 나부낌.

颻	무급 風 20획
날릴 요	颻ㄅ夕夅夅叁䍃䍃䍃颻颻颻颻

颻颺(흩날릴 요, 흩날릴 양) ① 바람에 흔들림. ② 가볍게 날아오르는 모양.
颻颻(날릴 요, 날릴 요) 날리는 모양.

陳根委翳(진근위예) : 겨울이 되면 나무의 묵은 뿌리가 땅에 쌓이고 덮인다.
落葉飄颻(낙엽표요) : 가을이 되어 서리를 맞으면 떨어진 나뭇잎은 낙엽이 되어 이리저리 나부낀다.

遊鯤은 獨運하여 凌摩絳霄하나니라

노니는 곤어(鯤魚)는 홀로 바다에서 요동치며 살다가
붕새가 되어 붉은 하늘을 능멸하고 만진다.

遊	4급 辶 13획
놀 유	

遊覽(놀 유, 볼 람) 돌아다니며 구경함.
外遊(밖 외, 놀 유) 외국에 여행함.

凌	1급 冫 10획
업신여길 릉	

凌辱(업신여길 능, 욕될 욕) 업신여겨 욕보이는 것.
凌蔑(업신여길 능, 없을 멸) 업신여겨 깔보는 것.

鯤	무급 魚 19획
큰물고기 곤	

鯤鮞(곤이 곤, 곤이 이) 물고기의 새끼.
鯤化(곤이 곤, 될 화) 곤이가 변하여 붕새가 됨.

摩	2급 手 15획
만질 마	

摩擦(만질 마, 문지를 찰) 서로 비비는 것.
撫摩(어루만질 무, 만질 마) 어루만져 위로함.

獨	5급 犭 16획
홀로 독	

獨創(홀로 독, 비롯할 창) 독자적으로 창조함.
獨裁(홀로 독, 마름질할 재) 홀로 모든 것을 판단하고 처리함.

絳	무급 糸 12획
붉을 강	

絳羅(붉을 강, 벌릴 라) 진홍색의 얇고 고운 명주.
絳英(붉을 강, 꽃부리 영) 붉은 꽃부리.

運	6급 辶 13획
움직일 운	

運輸(움직일 운, 실어낼 수) 화물, 여객 등을 실어 나름. | 運動(움직일 운, 움직일 동) ① 물체가 움직이는 것. ② 체조나 체육.

霄	1급 雨 15획
하늘 소	

霄壤(하늘 소, 땅 양) 하늘과 땅.
雲霄(구름 강, 하늘 소) ① 하늘. ② 높은 지위.

遊鯤獨運(유곤독운) : 놀 때에 곤어는 홀로 푸른 바다에서 움직인다.
凌摩絳霄(능마강소) : 곤어가 변하여 새가 된 붕새는 붉은 하늘을 능멸하고 만진다.

耽讀翫市하니 寓目囊箱이라

글 읽기를 즐겨 저잣거리 책방에서 책을 보니, 눈길을 붙이기만 하면 그대로 주머니와 상자 속에 책을 담아둔 것 같았다.

耽	2급 耳 10획
즐길 **탐**	耽耽耽耽耽耽耽耽耽耽

耽溺(즐길 탐, 빠질 닉) 어떤 일을 몹시 즐겨 거기에 빠짐. | 耽讀(즐길 탐, 읽을 독) 다른 것을 잊을 만큼 독서에 열중함.

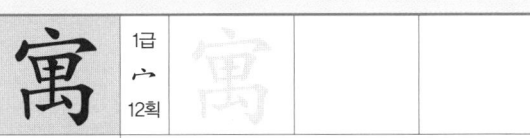

寓	1급 宀 12획
붙일 **우**	寓寓寓寓寓寓寓寓寓寓寓

寓居(붙일 우, 살 거) 정착하지 아니하고 임시로 거주함. | 寓話(붙일 우, 이야기 화) 풍자와 교훈의 뜻을 나타내는 이야기.

讀	6급 言 22획
읽을 **독**	讀讀讀讀讀讀讀讀讀讀讀

讀書(읽을 독, 책 서) 책을 읽는 것.
速讀(빠를 속, 읽을 독) 책 따위를 빨리 읽는 것.

目	6급 目 5획
눈 **목**	目目目目目

目的(눈 목, 밝을 적) 실현하려고 지향하는 일이나 곳.
目前(눈 목, 앞 전) 눈 앞. 바로 앞을 말함.

翫	무급 羽 15획
구경할 **완**	翫翫翫翫翫翫翫翫翫翫

翫味(구경할 완, 맛 미) 시나 글을 감상하여 음미함.
翫賞(구경할 완, 감상할 상) 즐겨 구경함.

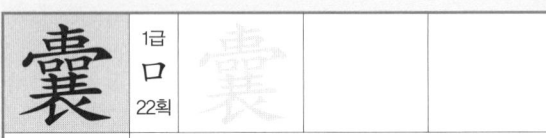

囊	1급 口 22획
주머니 **낭**	囊囊囊囊囊囊囊囊囊囊囊

囊中(주머니 낭, 가운데 중) 주머니의 속.
背囊(등 배, 주머니 낭) 물건을 담아서 등에 질 수 있도록 만든 주머니.

市	7급 巾 5획
시장 **시**	市市市市市

市場(시장 시, 마당 장) 상품의 판매가 이루어지는 특정 장소.
市廳(시장 시, 관청 청) 시의 행정 사무를 맡아보는 곳.

箱	2급 竹 15획
상자 **상**	箱箱箱箱箱箱箱箱箱箱

箱子(상자 상, 아들 자) 물건을 넣어두기 위하여 만든 그릇.
書箱(글 서, 상자 상) 책을 넣어 두는 상자.

耽讀翫市(탐독완시) : 왕충(王充)은 글 읽기를 즐겼으나 가난하여 책을 살 수 없었으므로, 낙양(洛陽)의 시장에 있는 책가게에서 읽고 싶은 책을 읽었다.
寓目囊箱(우목낭상) : 그는 영리하여 눈으로 한 번만 읽어도 그 내용을 주머니나 상자 속에 넣어둔 것처럼 잊지 않았다.

易輶는 攸畏니 屬耳垣墻이니라

말을 쉽고 가볍게 하는 것은 두려워해야 할 바이니,
귀가 담장에 붙어 있기 때문이다.

易	4급 / 日 / 8획		
쉬울 이	易 易 易 易 易 易 易 易		

簡易(간략할 간, 쉬울 이) 간단하고 쉬움.
交易(서로 교, 바꿀 역) 서로 물건을 사고팔아 바꿈.

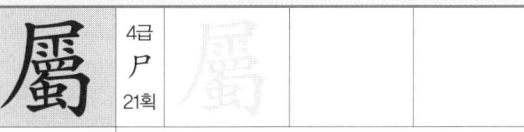

屬	4급 / 尸 / 21획		
붙일 속	屬 屬 屬 屬 屬 屬 屬 屬 屬 屬		

金屬(쇠 금, 붙일 속) 쇠붙이.
所屬(바 소, 붙일 속) 딸려 있는 곳.

輶	무급 / 車 / 16획		
가벼울 유	輶 輶 輶 輶 輶 輶 輶 輶 輶 輶		

輶車(가벼울 유, 수레 거) 사신(使臣)이 타던 가벼운 수레.
輶德(가벼울 유, 덕 덕) 쉽게 할 수 있는 덕행.

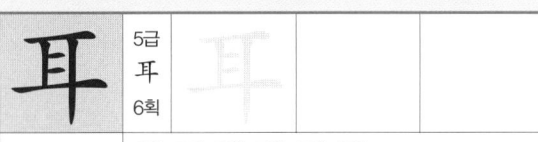

耳	5급 / 耳 / 6획		
귀 이	耳 耳 耳 耳 耳 耳		

耳目(귀 이, 눈 목) ① 귀와 눈. ② 남들의 주의.
耳順(귀 이, 순할 순) 나이 예순을 일컫는 말.

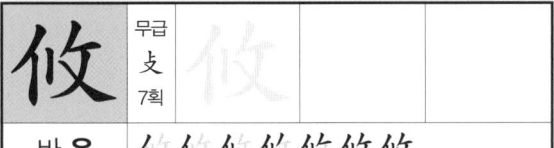

攸	무급 / 攴 / 7획		
바 유	攸 攸 攸 攸 攸 攸 攸		

攸然(바 유, 그럴 연) 느긋하고 침착한 모습.
攸乎(바 유, 어조사 호) ① 걱정스러운 모양. ② 위태로운 모양.

垣	무급 / 土 / 9획		
담 원	垣 垣 垣 垣 垣 垣 垣 垣 垣		

垣有耳(담 원, 있을 유, 귀 이) 담에 귀가 있다는 뜻으로, 비밀히 한 이야기라도 새어나가기 쉬움을 이르는 말.

畏	3급 / 田 / 9획		
두려울 외	畏 畏 畏 畏 畏 畏 畏 畏 畏		

畏敬(두려울 외, 공경할 경) 두려워하며 공경함.
畏友(두려울 외, 벗 우) 아끼고 존경하는 벗.

墻	3급 / 土 / 16획		
담 장	墻 墻 墻 墻 墻 墻 墻 墻 墻		

墻內(담 장, 안 내) 담 안.
墻垣(담 장, 담 원) 담.

易輶攸畏(이유유외) : 군자(君子)는 말을 삼가야 하니 말을 쉽고 가볍게 하는 것은 항상 두려워하며 조심해야 한다.
屬耳垣墻(속이원장) : 그 이유는 사람들의 귀가 담장에 붙어 있어서이다.

具膳飡飯하니 適口充腸이라

반찬 갖춘 밥을 먹으니, 입에 맞아 창자를 채운다.

具	5급 / 八 / 8획
갖출 **구**	丨 冂 冃 用 且 具 具 具

具備(갖출 구, 갖출 비) 빠짐없이 모두 갖춤.
具格(갖출 구, 격식 격) 격식을 갖춤.

適	4급 / 辶 / 15획
맞을 **적**	適適適商商商商商適適適

適格(맞을 적, 격식 격) 격식에 들어맞음.
適齡(맞을 적, 나이 령) 표준이나 규정에 적당한 나이.

膳	1급 / 肉 / 16획
반찬 **선**	

膳物(반찬 선, 만물 물) 선사하는 물건.
膳服(반찬 선, 옷 복) 음식과 의복.

口	7급 / 口 / 3획
입 **구**	丨 冂 口

口味(입 구, 맛 미) 입맛.
口號(입 구, 이름 호) 어떤 주장을 나타내는 간결한 말.

飡	무급 / 食 / 11획
밥 **손**	

飡饔(밥 손, 아침밥 옹) ① 저녁밥과 아침밥. ② 밥을 먹음.
飡粥(밥 손, 죽 죽) ① 죽. ② 죽을 먹음.

充	5급 / 儿 / 6획
채울 **충**	充充充充充充

充分(채울 충, 나눌 분) 모자람이 없이 넉넉함.
充實(채울 충, 열매 실) 가득 참. 또는 가득 채움.

飯	3급 / 食 / 13획
밥 **반**	

飯酒(밥 반, 술 주) 밥에 곁들여서 먹는 술.
飯器(밥 반, 그릇 기) 밥그릇.

腸	4급 / 肉 / 13획
창자 **장**	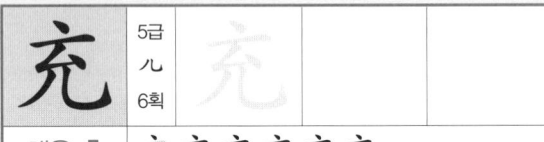

斷腸(끊을 단, 창자 장) 몹시 슬퍼 창자가 끊어지는 듯함.
肝腸(간 간, 창자 장) 간과 창자.

具膳飡飯(구선손반) : 군자는 정성스럽게 차린 반찬을 갖추고 밥을 먹는다.
適口充腸(적구충장) : 음식은 자기 입에 맞게 하고 창자를 채울 정도이면 된다.

飽飫하면 烹宰하고 飢하면 厭糟糠이라

배부르면 요리한 고기도 먹기 싫고,
굶주리면 술지게미나 겨도 달게 여긴다.

飽 3급 食 14획
배부를 포
飽食(배부를 포, 먹을 식) 배불리 먹음.
飽滿(배부를 포, 찰 만) 배가 불러서 가득 참.

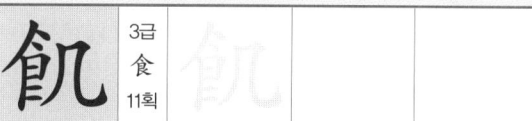

飢 3급 食 11획
주릴 기
飢渴(주릴 기, 목마를 갈) 배고픔과 목마름.
飢餓(주릴 기, 굶을 아) 굶주림.

飫 무급 食 13획
배부를 어
飫聞(배부를 어, 들을 문) 실컷 들음. 잘 알고 있음.
飫宴(배부를 어, 잔치 연) 잔치를 베풂.

厭 2급 厂 14획
싫을 염
厭症(싫을 염, 증세 증) 싫증.
厭世(싫을 염, 인간 세) 세상을 괴롭고 귀찮게 여김.

烹 무급 火 11획
삶을 팽
烹卵(삶을 팽, 알 란) 삶은 계란.
烹熟(삶을 팽, 익을 숙) 충분히 삶음.

糟 1급 木 15획
지게미 조
糟糠(지게미 조, 겨 강) 술 지게미와 쌀겨. 곧, 변변치 않은 음식. | 酒糟(술 주, 지게미 조) 술을 거르고 남은 찌꺼기, 지게미.

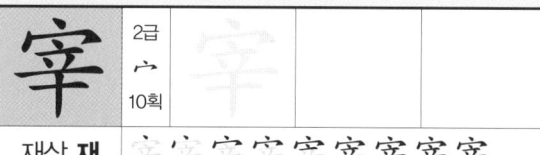

宰 2급 宀 10획
재상 재
宰相(재상 재, 서로 상) 임금을 돕고 모든 관리를 지휘하는 벼슬.
宰老(재상 재, 늙을 로) 국정을 다스리는 늙은 신하.

糠 1급 米 17획
겨 강
糠糟(겨 강, 지게미 조) 쌀겨와 지게미. 곧, 변변치 않은 음식.
糠粃(겨 강, 쭉정이 비) 겨와 쭉정이. 곧, 거친 식사.

飽飫烹宰(포어팽재) : 배가 부를 때에는 아무리 좋은 음식이라도 먹기 싫다.
飢厭糟糠(기염조강) : 반대로 배가 고플 때에는 아무리 하찮은 음식이라도 달게 먹는다.

親戚과 故舊는 老少異糧이라

친척(親戚)과 오랜 친구는
늙고 젊음에 따라 먹을 것을 달리해야 한다.

親	6급 / 見 / 16획
친할 **친**	親親親亲亲亲親親親親親

親睦(친할 친, 화목할 목) 서로 친하여 화목함.
親密(친할 친, 빽빽할 밀) 지내는 사이가 가깝고 친함.

老	7급 / 老 / 6획
늙을 **로**	老老老老老老

老患(늙을 노, 근심 환) 늙어 쇠약해지면서 생기는 병.
老練(늙을 노, 익힐 련) 경험을 쌓아 일에 숙달함.

戚	3급 / 戈 / 11획
겨레 **척**	戚戚厂戊戊戊戌戚戚戚

外戚(바깥 외, 겨레 척) 어머니 쪽의 친척.
親戚(친할 친, 겨레 척) ① 친족과 외척. ② 성이 다른 일가붙이.

少	7급 / 小 / 4획
젊을 **소**	丿小小少

少量(적을 소, 헤아릴 량) 적은 분량.
少時(젊을 소, 때 시) 젊을 때.

故	4급 / 攵 / 9획
연고 **고**	故故故故故故故故故

故意(연고 고, 뜻 의) 일부러 하려는 뜻.
故國(연고 고, 나라 국) 자기 조상 때부터 살아온 나라.

異	4급 / 田 / 11획
다를 **이**	異異異異異異異異異異異

異性(다를 이, 성품 성) ① 다른 성질. ② 남자와 여자.
驚異(놀랄 경, 다를 이) ① 놀라움. ② 놀라서 이상하게 여김.

舊	5급 / 臼 / 18획
옛 **구**	舊舊舊舊舊舊舊舊舊舊

舊式(옛 구, 법 식) 옛날 방식.
舊習(옛 구, 익힐 습) 옛적 버릇.

糧	4급 / 米 / 18획
양식 **량**	糧糧糧糧糧糧糧糧糧糧

糧穀(양식 양, 곡식 곡) 양식으로 사용하는 곡식.
糧米(양식 양, 쌀 미) ① 군량미. ② 양식으로 쓰는 쌀.

親戚故舊(친척고구) : 혈연 관계에 있는 친척과 오랫동안 사귄 친구는
老少異糧(노소이량) : 늙었는지 젊었는지에 따라 음식을 달리한다.

妾御는 績紡하고 侍巾帷房이라

첩(妾)이나 모시는 여자는 길쌈을 하고,
장막 친 방안에서 수건을 들고 시중든다.

妾	3급 女 8획
첩 **첩**	

妾室(첩 첩, 집 실) 첩을 점잖게 일컫는 말.
妾子(첩 첩, 아들 자) 첩이 낳은 자식.

侍	3급 人 8획
모실 **시**	

侍女(모실 시, 여자 녀) 시중을 드는 여자.
侍下(모실 시, 아래 하) 부모나 조부모가 살아 있는 가정 환경.

御	3급 彳 11획
모실 **어**	御御御御御御御御御御御

御命(임금 어, 목숨 명) 임금의 명령.
御駕(임금 어, 멍에 가) 임금이 타는 수레.

巾	1급 巾 3획
수건 **건**	巾 冂 巾

手巾(손 수, 수건 건) 얼굴이나 몸을 닦기 위해 만든 헝겊 조각.
頭巾(머리 두, 수건 건) 남자 상제가 상중에 쓰는, 베로 만든 쓰개.

績	4급 糸 17획
쌓을 **적**	

績女(쌓을 적, 여자 녀) 실을 잣는 여자.
實績(열매 실, 쌓을 적) 실제의 업적.

帷	무급 巾 11획
장막 **유**	

帷幕(장막 유, 장막 막) 장막.
帷房(장막 유, 방 방) 휘장을 친 방. 곧, 내실(內室).

紡	2급 糸 10획
길쌈 **방**	

紡績(길쌈 방, 쌓을 적) 섬유를 가공하여 실을 만드는 일.
毛紡(털 모, 길쌈 방) 털실로 모직물을 짜는 일의 총칭.

房	4급 戶 8획
방 **방**	房 房 房 户 户 房 房 房

房中(방 방, 가운데 중) 방의 안. 안내.
獨房(홀로 독, 방 방) 혼자서 쓰는 방.

妾御績紡(첩어적방) : 남자는 밖에서 일하고 여자는 집 안에서 길쌈을 하여 베를 짠다.
侍巾帷房(시건유방) : 여자는 휘장을 친 방 안에서 수건 등을 가지고 남편을 시중든다.

紈扇은 圓潔하며 銀燭은 煒煌이라

흰 깁으로 만든 부채는 둥글고 깨끗하며,
은빛 나는 촛불은 빛나고 환하다.

紈 — 무급 糸 9획
흰깁 환
紈紈紈糸糸糸紇紈紈
紈袴(흰 깁 환, 바지 고) 흰 비단 바지. 부귀한 집안의 자제.
紈素(흰 깁 환, 흴 소) 희고 고운 비단.

銀 — 6급 金 14획
은 은
銀銀銀牟牟金鈩銀鉏銀銀
銀塊(은 은, 덩이 괴) 은덩어리.
銀貨(은 은, 재물 화) 은으로 만든 돈.

扇 — 1급 戶 10획
부채 선
扇扇扇戶戶戶扇扇扇
扇動(부채 선, 움직일 동) 남이 어떤 일을 하도록 부채질함. | 太極扇(클 태, 지극할 극, 부채 선) 태극 모양이 새겨진 둥근 부채.

燭 — 3급 火 17획
촛불 촉
燭燭燭火炉炉炉炉燭燭
燭臺(촛불 촉, 집 대) 초를 꽂아 놓는 기구.
燭光(촛불 촉, 빛 광) 불의 밝기를 나타내는 단위.

圓 — 4급 口 13획
둥글 원
丨冂冂冃冃冐冐員員圓圓圓
圓滿(둥글 원, 찰 만) 모난 데가 없이 둥글둥글하고 복스러움.
圓活(둥글 원, 살 활) 일이 막힘이 없이 순조로움.

煒 — 무급 火 13획
빛날 위
煒煒煒炜炜炜炜煒煒
煒然(빛날 위, 그러할 연) 빛나는 모양.
煒燁(빛날 위, 빛날 엽) 빛남.

潔 — 4급 水 15획
맑을 결
潔潔潔潔潔潔潔潔潔潔潔
潔白(맑을 결, 흰 백) 깨끗하고 흰 상태.
純潔(순전할 순, 맑을 결) 더러움이 없이 깨끗한 것.

煌 — 1급 火 13획
빛날 황
煌煌煌炉炉炉煌煌煌
煌火(빛날 황, 불 화) 반짝이는 불빛.
輝煌(빛날 휘, 빛날 황) 광채가 빛나서 눈이 부시다.

紈扇圓潔(환선원결) : 비단 부채는 둥글고 깨끗하다.
銀燭煒煌(은촉위황) : 은빛 촛불은 환하게 밝다.

晝眠夕寐하니 藍筍象床이라

낮에는 졸고 밤에는 자니,
대나무 침상과 상아(象牙)로 꾸민 걸상이다.

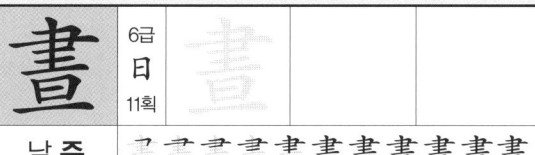

晝	6급 日 11획
낮 주	晝晝晝晝晝晝晝晝晝晝晝

晝夜(낮 주, 밤 야) 낮과 밤.
白晝(흰 백, 낮 주) 환한 대낮.

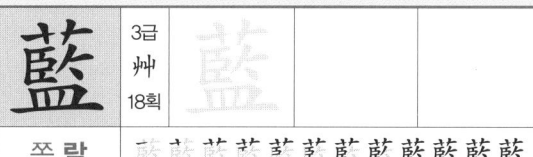

藍	3급 艸 18획
쪽 람	藍藍藍藍藍藍藍藍藍藍藍

藍色(쪽 남, 빛 색) 쪽빛.
藍靑(쪽 남, 푸를 청) 짙은 검푸른 빛.

眠	3급 目 10획
잘 면	眠眠眠眠眠眠眠眠眠眠

睡眠(졸 수, 잘 면) 잠을 자는 것.
永眠(길 영, 잘 면) 영원히 잠자는 것. 곧, 죽음.

筍	1급 竹 12획
죽순 순	筍筍筍筍筍筍筍筍筍筍筍

筍芽(죽순 순, 싹 아) 죽순.
竹筍(대 죽, 죽순 순) 대의 땅속 줄기에서 자라나는 어린 순.

夕	7급 夕 3획
저녁 석	ノクタ

夕陽(저녁 석, 볕 양) ① 저녁 햇볕. ② 해 질 무렵.
夕刊(저녁 석, 새길 간) 저녁 때에 발행하는 신문.

象	3급 豕 12획
코끼리 상	象象象象象象象象象象象

象牙(코끼리 상, 어금니 아) 코끼리의 윗턱에서 길게 뻗은 두 개의 앞니.
象形(형상 상, 모양 형) 물건의 형상을 본뜸.

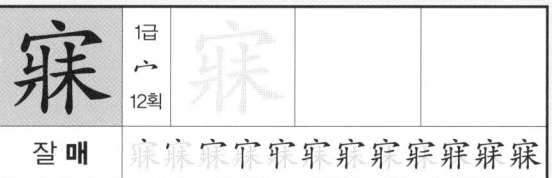

寐	1급 宀 12획
잘 매	寐寐寐寐寐寐寐寐寐寐寐

寤寐(잠깰 오, 잘 매) 깨어 있을 때나 잘 때나.
夢寐(꿈 몽, 잘 매) 잠을 자면서 꿈을 꿈.

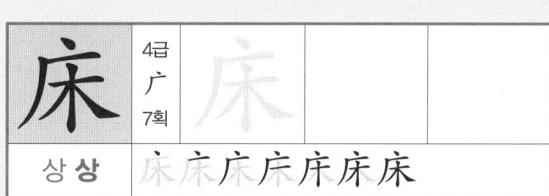

床	4급 广 7획
상 상	床床床床床床床

起床(일어날 기, 상 상) 잠자리에서 일어남.
寢床(잠잘 침, 상 상) 누워서 잘 수 있게 만든 평상.

晝眠夕寐(주면석매) : 한가하고 유유자적하게 낮에는 낮잠 자고 저녁에는 편히 잔다.
藍筍象床(남순상상) : 그가 자는 곳은 푸른 대나무로 만든 침상과 코끼리 뼈로 꾸민 걸상이다.

絃歌酒讌하고 接杯擧觴하고

거문고 타고 노래하며 술로 잔치하고,
잔을 쥐고 잔을 들어 올려 권한다.

絃	3급 / 糸 / 11획	
줄 현	絃絃絃糸糸絃絃絃絃絃	

絃琴(줄 현, 거문고 금) 거문고.
絃樂(줄 현, 풍류 악) 현악기로 연주하는 음악.

接	4급 / 手 / 11획	
이을 접	接接接扌扌扌接接接接	

接續(이을 접, 이을 속) 맞대어서 잇는 것.
迎接(맞을 영, 이을 접) 손님을 맞아서 응접하는 것.

歌	7급 / 欠 / 14획	
노래 가	歌歌歌歌可哥歌歌歌歌	

歌曲(노래 가, 굽을 곡) 노래와 곡조.
歌舞(노래 가, 춤출 무) 노래와 춤.

杯	3급 / 木 / 8획	
잔 배	杯杯木木杯杯杯杯	

杯酒(잔 배, 술 주) 잔에 부은 술.
金杯(쇠 금, 잔 배) 금으로 만든 잔.

酒	4급 / 酉 / 10획	
술 주	酒酒酒酒酒酒酒酒酒酒	

酒席(술 주, 헤아릴 양) 마시고 견디어 낼 만한 술의 분량.
飮酒(마실 음, 술 주) 술을 마심.

擧	5급 / 手 / 18획	
들 거	擧擧擧擧擧擧擧擧擧擧	

擧手(들 거, 손 수) 손을 위로 들어 올리는 것.
擧國(들 거, 나라 국) 온 나라. 또는, 온 국민 전체.

讌	무급 / 言 / 23획	
잔치 연	讌讌言言讌讌讌讌讌讌	

讌席(잔치 연, 자리 석) 잔치의 자리.
讌坐(잔치 연, 앉을 좌) 모여서 앉아 이야기함.

觴	1급 / 角 / 18획	
잔 상	觴觴角角觴觴觴觴觴觴	

觴詠(잔 상, 읊을 영) 술을 마시며 시를 읊음.
濫觴(넘칠 상, 잔 상) 사물의 맨 처음.

絃歌酒讌(현가주연) : 거문고와 비파 타며 노래하고 술로 잔치를 한다.
接杯擧觴(접배거상) : 술잔을 잡고 들어 서로 주고받으며 권한다.

矯手頓足하니 悅豫且康이라

손을 굽혔다 펴고 발을 구르며 춤추니,
기쁘고 또 강녕(康寧)하다.

矯	3급 矢 17획	
바로잡을 교	矯矯矯矯矯矯矯矯矯矯	

矯正(바로잡을 교, 바를 정) 바로잡음.
矯導(바로잡을 교, 이끌 도) 바로 잡아 옳은 방향으로 이끎.

悅	3급 心 10획	
기쁠 열	悅悅悅悅悅悅悅悅悅悅	

悅樂(기쁠 열, 즐길 락) 기뻐하고 즐거워하는 것.
喜悅(기쁠 희, 기쁠 열) 기뻐하고 즐거워함.

手	7급 手 4획	
손 수	手手手手	

手記(손 수, 기록할 기) 손으로 적음.
擧手(들 거, 손 수) 손을 듦.

豫	4급 豕 16획	
기쁠 예	豫豫豫豫豫豫豫豫豫豫	

豫想(미리 예, 생각 상) 미리 생각하는 것.
豫告(미리 예, 알릴 고) 미리 알려줌.

頓	2급 頁 13획	
두드릴 돈	頓頓頓頓頓頓頓頓頓	

頓悟(갑자기 돈, 깨달을 오) 문득 깨달음.
整頓(가지런할 정, 가지런할 돈) 가지런히 바로잡음.

且	3급 一 5획	
또 차	且且且且且	

且置(우선 차, 둘 치) 우선 그대로 둠. 제쳐 놓음.
重且大(무거울 중, 또 차, 큰 대) 매우 중대함.

足	7급 足 7획	
발 족	足足足足足足足	

滿足(찰 만, 발 족) 마음에 흡족함.
手足(손 수, 발 족) 손과 발.

康	4급 广 11획	
편안할 강	康康康康康康康康康康康	

康健(편안할 강, 굳셀 건) 굳세고 건전함.
康寧(편안할 강, 편안할 녕) 건강하고 마음이 편안함.

矯手頓足(교수돈족) : 손님을 초청하여 잔치를 베풀며 흥이 나면 손을 들고 발을 두드리며 춤을 춘다.
悅豫且康(열예차강) : 위와 같이 하는 것은 기쁘고 또 편안하게 하는 것이다.

嫡後嗣續하야 祭祀는 蒸嘗이라

맏아들로 뒤를 잇고,
제사에는 증(蒸)과 상(嘗)이 있다.

嫡	1급 女 14획	嫡		
맏 **적**	〈嫡女婶婶嫡嫡嫡嫡嫡

嫡子(맏 적, 아들 자) 정실 부인이 낳은 맏아들.
嫡統(맏 적, 계통 통) 적자로 이어져 온 계통.

祭	4급 示 11획	祭		
제사 **제**	祭クタ外タ祭祭祭祭祭

祭典(제사 제, 법 전) ① 제사 의식. ② 성대한 대회.
祭禮(제사 제, 예도 례) 제사를 지내는 예법이나 예절.

後	7급 彳 9획	後		
뒤 **후**	後後後後後後後後

後代(뒤 후, 대신 대) ① 뒤의 세대. ② 장래의 세상.
最後(가장 최, 뒤 후) 맨 마지막.

祀	3급 示 8획	祀		
제사 **사**	祀祀祀祀祀祀祀祀

祀天(제사 사, 하늘 천) 하늘에 제사를 지냄.
祭祀(제사 제, 제사 사) 신령이나 죽은 사람에게 음식과 정성을 바치는 의식.

嗣	1급 口 13획	嗣		
이을 **사**	嗣嗣嗣冃冃冊冊嗣嗣嗣嗣

嗣君(이을 사, 임금 군) 뒤를 이은 임금.
後嗣(뒤 후, 이을 사) 대를 잇는 아들.

蒸	3급 艹 14획	蒸		
찔 **증**	蒸蒸蒸蒸蒸蒸蒸蒸蒸蒸

蒸氣(찔 증, 기운 기) 기체 상태로 되어 있는 물. 수증기.
蒸發(찔 증, 필 발) 액체나 고체가 기체 상태로 변함.

續	4급 糸 21획	續		
이을 **속**	續續續續續續續續續

續開(이을 속, 열 개) 일단 멈췄던 것을 다시 함.
續出(이을 속, 날 출) 계속 나옴.

嘗	3급 口 14획	嘗		
맛볼 **상**	嘗嘗嘗嘗嘗嘗嘗嘗嘗

嘗膽(맛볼 상, 쓸개 담) 원수를 갚으려고 괴로움을 참고 견딤.
嘗味(맛볼 상, 맛 미) 맛을 봄. 먹어 봄.

嫡後嗣續(적후사속) : 정실 아내가 낳은 맏아들로 뒤를 계승하여 대를 잇는다.
祭祀蒸嘗(제사증상) : 제사하되, 겨울 제사는 증이라 하고 가을 제사는 상이라 한다.

稽顙再拜하되 悚懼恐惶이라

이마를 땅에 대어 거듭 절하되,
두려워하고 공경해야 한다.

稽	무급 禾 15획
조아릴 계	稽稽千千禾禾秒秒秒秒稽稽

稽古(조아릴 계, 옛 고) 옛 도를 자세히 고찰하는 것.
稽留(머무를 계, 머무를 류) 머무름.

悚	1급 心 10획
두려울 송	悚悚悚悚悚悚悚悚悚悚

罪悚(허물 죄, 두려울 송) 죄스럽고 황송함.
惶悚(두려울 황, 두려울 송) 분에 넘치게 고맙고 송구함.

顙	무급 頁 19획
이마 상	顙顙顙桑桑桑顙顙顙

顙汗傷(이마 상, 땀 한) 부끄럽거나 두려워 이마에 땀이 남.
拜顙(절 배, 이마 상) 이마가 땅에 닿도록 절함.

懼	3급 心 21획
두려울 구	懼懼懼懼懼懼懼懼懼懼

悚懼(두려울 송, 두려울 구) 마음에 두렵고 미안함.
疑懼(의심할 의, 두려울 구) 의심하고 두려워함.

再	5급 冂 6획
두 재	再丆冂冃再再

再建(두 재, 지을 건) 다시 일으켜 세우는 것.
再生(두 재, 날 생) 죽게 되었다가 다시 살아남.

恐	3급 心 10획
두려울 공	恐恐恐玌玌玌玌恐恐恐

恐怖(두려울 공, 두려워할 포) 두려움이나 무서움.
可恐(가능할 가, 두려울 공) 두려워 하거나 놀랄만함.

拜	4급 手 9획
절 배	拜拜二三手手手拜拜拜

拜禮(절 배, 예도 례) 절을 하는 예.
崇拜(높을 숭, 절 배) 우러러 경배하는 것.

惶	1급 心 12획
두려울 황	惶惶惶惶惶惶惶惶惶惶

惶恐(두려워할 황, 두려울 공) 높은 자리에 눌리어 두려움.
惶怯(두려울 황, 겁낼 겁) 두렵고 겁이 남.

稽顙再拜(계상재배) : 제사를 지낼 적에는 이마를 조아려 선조에게 두 번 절한다.
悚懼恐惶(송구공황) : 제사는 두려워하며, 엄숙하고 공경함이 지극하게 한다.

牋牒은 簡要하고 顧答은 審詳이라

편지는 간단하고 긴요해야 하고,
안부를 묻거나 답장할 때는 잘 살피고 자세해야 한다.

牋	무급 片 12획	
편지 전		

牋奏(편지 전, 아뢸 주) 천자에게 올리는 상소.
牋翰(편지 전, 편지 한) ① 종이와 붓. ② 편지.

顧	3급 頁 21획	
돌아볼 고		

顧慮(돌아볼 고, 염려할 려) 앞일을 염려함.
回顧(돌아올 회, 돌아볼 고) 지나간 일을 돌이켜 보는 것.

牒	1급 片 13획	
편지 첩	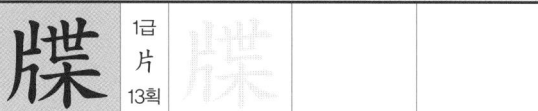	

牒報(편지 첩, 갚을 보) 상부에 편지로 보고함.
請牒(청할 청, 편지 첩) 경사가 있을 때 남을 초청하는 글.

答	7급 竹 12획	
대답할 답		

答禮(대답할 답, 예도 례) 남에게 받은 예(禮)를 도로 갚는 것.
答狀(대답할 답, 문서 장) 회답하는 편지.

簡	4급 竹 18획	
간단할 간		

簡略(간단할 간, 간략할 략) 단출하고 간단하여 복잡하지 아니함.
簡便(간단할 간, 편할 편) 간단하고 편리함.

審	3급 宀 15획	
살필 심	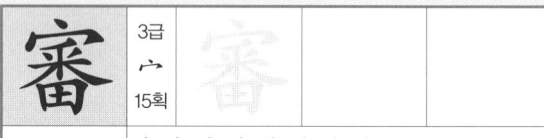	

審査(살필 심, 살필 사) 자세히 조사하는 것.
審議(살필 심, 의논할 의) 심사하고 토의하는 것.

要	5급 襾 9획	
구할 요		

要求(구할 요, 구할 구) 얻으려고 청하는 것.
要望(구할 요, 바랄 망) 간절히 바라는 것.

詳	3급 言 13획	
자세할 상		

詳細(자세할 상, 가늘 세) 속속들이 자세함.
仔詳(자세할 자, 자세할 상) 세심하고 찬찬함.

牋牒簡要(전첩간요) : 글과 편지는 간단하고 꼭 필요한 것만 써야 한다.
顧答審詳(고답심상) : 편지로 묻고 답할 때는 자세히 살펴 써야 한다.

骸垢想浴하고 執熱願凉이라

몸에 때가 끼면 목욕할 것을 생각하고,
뜨거운 것을 잡으면 서늘해지기를 바란다.

骸	1급 骨 16획
뼈 해	骸骸骸骨骨骨骨骸骸骸骸

骸骨(뼈 해, 뼈 골) 몸을 이루고 있는 뼈.
殘骸(남을 잔, 뼈 해) 남아 있는 시체나 물건의 뼈대.

執	3급 土 11획
잡을 집	執執執執執執幸幸執執執

執着(잡을 집, 입을 착) 어떤 일에 마음이 쏠려 매달리는 것. | 執念(잡을 집, 생각할 념) 한 가지에만 끈덕지게 마음을 쏟는 것.

垢	1급 土 9획
때 구	垢垢垢垢垢垢垢垢垢

垢汚(때 구, 더러울 오) ① 때가 묻어 더러움. ② 때, 오물.
無垢(없을 무, 때 구) 때가 없이 맑음.

熱	5급 火 15획
뜨거울 열	熱熱熱熱熱幸幸幸執執熱熱

熱氣(뜨거울 열, 기운 기) 뜨거운 기운.
熱狂(뜨거울 열, 미칠 광) 너무 기쁘거나 감동하여 광적으로 흥분하는 것.

想	4급 心 13획
생각할 상	想想想相相相想想想

想起(생각할 상, 일어날 기) 지난 일을 생각하여 냄.
感想(느낄 감, 생각할 상) 마음 속에 느끼어 일어나는 생각.

願	5급 頁 19획
바랄 원	願願願原原原原原願願願

願書(바랄 원, 글 서) 청원하는 내용을 적은 서류.
所願(바 소, 바랄 원) 원하는 것. 또는 그 원하는 바.

浴	5급 水 10획
목욕할 욕	浴浴浴浴浴浴浴浴浴浴

浴室(목욕할 욕, 집 실) 목욕할 수 있는 시설을 갖춘 방.
浴槽(목욕할 욕, 구유 조) 목욕물을 담는 통.

凉	3급 冫 10획
서늘할 량	凉凉凉凉凉凉凉凉凉凉

納凉(들일 납, 서늘할 량) 여름철에 더위를 피하여 시원함을 맛 보는 것.
淸凉(맑을 청, 서늘할 량) 맑고 서늘함.

骸垢想浴(해구상욕) : 몸에 때가 끼면 목욕하기를 생각한다.
執熱願凉(집열원량) : 손에 뜨거운 물건을 잡으면 시원한 것을 원한다.

驢騾犢特이 駭躍超驤이라
나귀와 노새와 송아지는 놀라 뛰고 훌쩍 달린다.

驢	무급 馬 26획
나귀 려	「 丨 F F 丘 馬 馬 馬ˊ 馬ˊ 馬盧 騙 驢 驢

驢車(나귀 여, 수레 거) 당나귀가 끄는 수레.
驢馬(나귀 여, 말 마) ① 당나귀. ② 당나귀와 말.

駭	1급 馬 16획
놀랄 해	馬ˊ 駭 馬ˊ 駭 馬 馬 馬ˊ 駭 駭 駭 駭

駭怪(놀랄 해, 괴이할 괴) 매우 괴이함.
駭擧(놀랄 해, 들 거) 해괴한 짓.

騾	무급 馬 21획
노새 라	騾 騾 F 馬 馬ˊ 馬ˊ 馬罒 馬罒 騾 騾 騾

騾綱(노새 나, 벼리 강) 짐을 실은 노새의 행렬.
騾驢(노새 나, 나귀 려) ① 노새와 나귀. ② 평범한 사람.

躍	2급 足 21획
뛸 약	口 口 F 足 呈 呈 趵 趵ˊ 趯 躍 躍

躍進(뛸 약, 나갈 진) 힘차게 앞으로 뛰어나가는 것.
跳躍(뛸 도, 뛸 약) 몸을 위로 솟구쳐 뛰는 것.

犢	무급 牛 19획
송아지 독	犢 犢 牛 牜 犢 犢 犢 犢 犢 犢

犢牛(송아지 독, 소 우) 송아지.
舐犢(핥을 지, 송아지 독) 어미 소가 송아지를 핥아 주는 사랑.

超	3급 走 12획
뛰어넘을 초	超 超 卡 丰 丰 走 走 起 起 超

超越(뛰어넘을 초, 넘을 월) 한도나 표준을 뛰어넘음.
超人(뛰어넘을 초, 사람 인) 보통보다 훨씬 뛰어난 능력을 가진 사람.

特	6급 牛 10획
특별할 특	ノ 牛 牛 牛 牜 牛 特 特 特 特

特權(특별할 특, 권세 권) 특별히 가지는 권리.
特技(특별할 특, 재주 기) 특별한 재주나 기능.

驤	무급 馬 27획
달릴 양	「 F 馬 馬 馬ˊ 馬ˊ 馬亠 馬襾 馬襾 馬襾 馬襄 馬襄 驤

高驤(높을 고, 달릴 양) ① 뛰어 넘음. ② 높이 뛰어 나름.
龍驤(용 용, 달릴 양) 높이 뛰어 오르는 모양.

驢騾犢特(여라독특) : 세상이 평화롭고 가축이 번성하기 때문에 나귀와 노새와 송아지가
駭躍超驤 (해약초양) : 놀라 뛰고 달리며 논다.

120

誅斬賊盜하고 捕獲叛亡이라

도적을 처벌하고 베며,
배반하고 도망한 자를 잡고 노획한다.

誅	1급 言 13획
벨 주	誅誅誅誅誅誅誅誅誅誅

誅滅(벨 주, 멸할 멸) 죄인을 쳐죽여 멸함.
誅殺(벨 주, 죽일 살) 죄인을 죽임.

捕	3급 手 10획
잡을 포	捕捕捕捕捕捕捕捕捕捕

捕縛(잡을 포, 묶을 박) 잡아서 묶는 것.
逮捕(미칠 체, 잡을 포) 범죄 혐의가 있는 사람을 강제로 잡는 것.

斬	2급 斤 11획
벨 참	斬斬斬斬斬斬斬斬斬斬斬

斬首(벨 참, 머리 수) 목을 베어 죽임.
斬刑(벨 참, 형벌 형) 목을 베어 죽이는 형벌.

獲	3급 犭 17획
얻을 획	獲獲獲獲獲獲獲獲獲獲獲

獲得(얻을 획, 얻을 득) 얻어 가짐. 자기의 것으로 만드는 것. | 捕獲(잡을 포, 얻을 획) 짐승, 물고기, 적병(敵兵)등을 사로잡는 것을 뜻함.

賊	4급 貝 13획
도적 적	賊賊賊賊賊賊賊賊賊賊賊

山賊(뫼 산, 도적 적) 산에 숨어서 도적질하는 사람.
盜賊(도적 도, 도적 적) 남의 물건을 훔치거나 빼앗는 사람.

叛	3급 又 9획
배반할 반	叛叛叛叛叛叛叛叛叛

叛亂(배반할 반, 어지러울 란) 정권을 타도하기 위하여 일으키는 폭력 활동.
背叛(등 배, 배반할 반) 믿음을 저버리고 돌아섬.

盜	4급 皿 12획
도적 도	盜盜盜盜盜盜盜盜盜盜

盜癖(도적 도, 버릇 벽) 남의 물건을 훔치는 버릇.
强盜(강할 강, 도적 도) 폭행이나 협박으로 남의 재물을 빼앗는 도둑.

亡	5급 亠 3획
도망 망	亡亡亡

亡國(도망 망, 나라 국) ①망한 나라. ②나라를 망침.
亡命(도망 망, 목숨 명) 사상·정치적 이유로 자기 나라에서 외국으로 옮김.

誅斬賊盜(주참적도) : 역적과 사람을 해치고 도둑질하는 자를 처벌하고 목을 벤다.
捕獲叛亡(포획반망) : 배반하고 도망하는 자를 잡아 죄를 다스려 법을 바로잡는다.

布射僚丸하며 嵇琴阮嘯라

여포는 활쏘기를 잘 하였고, 웅의료는 탄환을 잘 놀렸으며,
혜강은 거문고를 잘 타고, 완적은 휘파람을 잘 불었다.

布 4급 巾 5획
베 포   ノ ナ 右 布 布
布木(베 포, 나무 목) 베와 무명.
流布(흐를 유, 베 포) 세상에 널리 퍼지는 것.

嵇 무급 山 12획
메 혜
嵇侍中血(메 혜, 모실 시, 가운데 중, 피 혈) 충신(忠臣)의 피. 진(晋)나라 시중(侍中)이었던 혜소(嵇紹)의 고사에서 온 말.

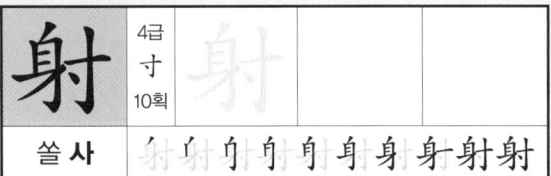

射 4급 寸 10획
쏠 사
射擊(쏠 사, 칠 격) 화포·총·활 등을 쏨.
發射(필 발, 쏠 사) 총·대포·로킷을 쏘는 일.

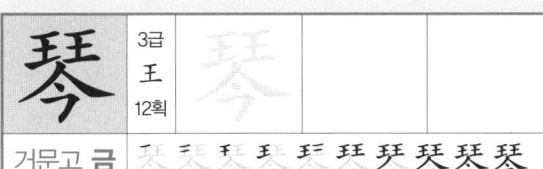

琴 3급 王 12획
거문고 금
琴書(거문고 금, 책 서) 거문고를 타는 것과 독서.
琴瑟(거문고 금, 비파 슬) 거문고와 비파.

僚 2급 人 14획
동료 료
官僚(벼슬 관, 동료 료) 정부의 관리.
同僚(같을 동, 동료 료) 함께 일하는 사람.

阮 1급 阜 7획
성 완   阝 阝 阮 阮 阮 阮
阮丈(성 완, 어른 장) 남의 삼촌의 높임말.
阮咸(성 완, 모두 함) 악기 이름.

丸 3급 丶 3획
탄환 환   丿 九 丸
丸藥(알 환, 약 약) 알약.
彈丸(탄알 탄, 알 환) 탄알.

嘯 무급 口 16획
휘파람 소
嘯詠(읊을 소, 읊을 영) 시나 노래를 읊음.
長嘯(길 장, 휘파람 소) 휘파람을 길게 붊.

布射僚丸(포사료환) : 한나라의 여포는 활을 잘 쏘았고, 의료는 탄자를 잘 던졌다.
嵇琴阮嘯(혜금완소) : 위나라의 혜강은 거문고를 잘 타고, 완적은 휘파람을 잘 불었다.

恬筆倫紙하고 鈞巧任釣라

몽념(蒙恬)은 붓을 만들고, 채륜(蔡倫)은 종이를 만들었으며,
마균(馬鈞)은 교묘한 재주가 있었고, 임공자(任公子)는 낚시를 만들었다.

恬 (무급, 心, 8획) — 편안할 념
恬恬恬恬恬恬恬恬
恬淡(편안할 염, 맑을 담) 욕심이 없고 마음이 담담함.
恬安(편안할 염, 편안할 안) 마음이 평온함.

鈞 (무급, 金, 12획) — 무게단위 균
鈞鈞鈞鈞鈞鈞鈞鈞鈞鈞鈞鈞
鈞陶(녹로 균, 질그릇 도) 녹로를 돌려 오지그릇을 빚음. | 千鈞(일천 천, 무게단위 균) 매우 무거운 무게 또는 그런 물건.

筆 (5급, 竹, 12획) — 붓 필
筆筆筆筆筆筆筆筆筆筆筆筆
筆記(붓 필, 적을 기) 글씨를 씀.
筆墨(붓 필, 먹 묵) 붓과 먹.

巧 (3급, 工, 5획) — 공교할 교
巧巧巧巧巧
巧猾(공교할 교, 교활할 활) 간사하고 꾀가 많음.
精巧(정밀할 정, 공교할 교) 정밀하고 교묘함.

倫 (3급, 人, 10획) — 인륜 륜
倫倫倫倫倫倫倫倫倫倫
倫理(인륜 윤, 이치 리) 사람으로 마땅히 행하고 지켜야 할 도리. | 悖倫(거스릴 패, 인륜 륜) 인간의 도리에 어그러지는 것.

任 (5급, 人, 6획) — 맡길 임
任任任任任任
任命(맡길 임, 목숨 명) 일정한 직무를 맡기는 것.
責任(꾸짖을 책, 맡길 임) 맡아서 행하지 않으면 안 되는 임무.

紙 (7급, 糸, 10획) — 종이 지
紙紙紙紙紙紙紙紙紙紙
紙幣(종이 지, 화폐 폐) 종이돈.
白紙(흰 백, 종이 지) 흰 종이.

釣 (2급, 金, 11획) — 낚시 조
釣釣釣釣釣釣釣釣釣釣釣
釣竿(낚시 조, 대줄기 간) 낚싯대.
釣臺(낚시 조, 대 대) 낚시터.

恬筆倫紙(염필륜지) : 몽염은 토끼털로 처음 붓을 만들었고, 채륜은 처음 종이를 만들었다.
鈞巧任釣(균교임조) : 마균은 재주가 뛰어나 지남거를 만들고, 임공자는 낚시를 만들었다.

釋紛利俗하니 竝皆佳妙라

어지러움을 풀어 세상을 이롭게 하니,
아울러 모두 아름답고 묘하였다.

釋	3급 釆 20획
풀을 석	釋釋釆平釆釋釋釋釋釋

釋放(풀 석, 놓을 방) 구속된 사람을 풀어 자유롭게 하는 것.
解釋(풀 해, 풀 석) 알기 쉽게 풀어 풀이함.

竝	3급 立 10획
아우를 병	竝竝竝竝竝竝竝竝竝竝

竝立(아우를 병, 설 립) 나란히 함께 섬.
竝設(아우를 병, 베풀 설) 한군데 아울러 설치함.

紛	3급 糸 10획
어지러울 분	紛紛紛糸糸糸糸紛紛紛

紛紛(어지러울 분, 어지러울 분) 뒤숭숭하고 수선스러움.
紛末(어지러울 분, 끝 말) 가루.

皆	3급 白 9획
다 개	皆皆皆皆皆皆皆皆皆

皆勤(다 개, 부지런할 근) 하루도 빠짐없이 출석·출근함.
擧皆(들 거, 다 개) 거의 모두.

利	6급 刀 7획
이로울 리	利利千禾利利利

利點(이로울 이, 점 점) 이익이 되는 점.
暴利(사나울 폭, 이로울 리) 부당한 이득.

佳	3급 人 8획
아름다울 가	佳佳佳佳佳佳佳佳

佳人(아름다울 가, 사람 인) 아름다운 여자. 미인.
佳作(아름다울 가, 지을 작) 잘된 작품.

俗	4급 人 9획
풍속 속	俗俗俗俗俗俗俗俗俗

俗談(풍속 속, 말씀 담) 예로부터 민간에 전해오던 격언. 風俗(바람 풍, 풍속 속) 예로부터 전해온 생활 전반에 걸친 습관.

妙	4급 女 7획
묘할 묘	妙女女妙妙妙妙

妙味(묘할 묘, 맛 미) 미묘한 재미나 흥취.
妙技(묘할 묘, 재주 기) 교묘한 기술과 재주.

釋紛利俗(석분리속) : 이상 여덟 사람은 세상의 어지러움을 풀어 생활을 이롭게 하였다.
竝皆佳妙(병개가묘) : 이들의 기술은 모두가 아름다우며 교묘한 것이었다.

毛施淑姿하야 工嚬妍笑이니라

모장(毛嬙)과 서시(西施)는 생김새가 아름다워,
공교롭게 찡그리고 쉽게 웃었다.

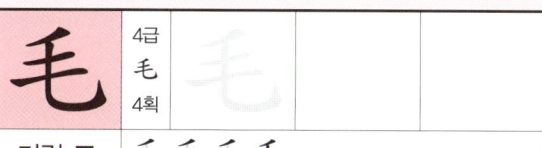

터럭 **모**

毛髮(터럭 모, 터럭 발) 사람의 머리털.
毛皮(터럭 모, 가죽 피) 털가죽.

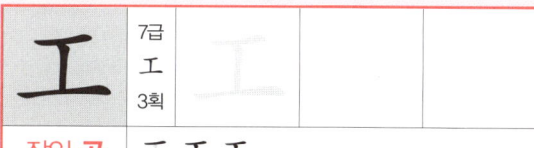

장인 **공**

工場(장인 공, 마당 장) 생산 설비를 가지고 상품을 만드는 곳.
工作(장인 공, 지을 작) 물건을 만드는 일.

베풀 **시**

施主(베풀 시, 주인 주) 승려나 절에 물건을 베풀어 줌.
施工(베풀 시, 장인 공) 공사를 착수하여 진행함.

찡그릴 **빈**

嚬蹙(찡그릴 빈, 부끄러울 축) 불쾌하여 얼굴을 찡그림.
效嚬(본받을 효, 찡그릴 빈) 함부로 남을 흉내 냄.

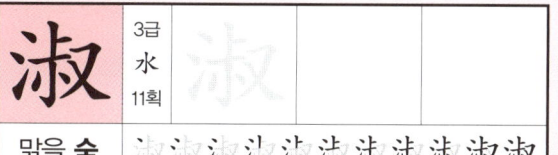

맑을 **숙**

淑女(맑을 숙, 여자 녀) ① 정숙한 여자. ② 덕행(德行)을 모두 갖춘 부녀.
賢淑(모양 자, 형세 세) 몸을 가누는 모양.

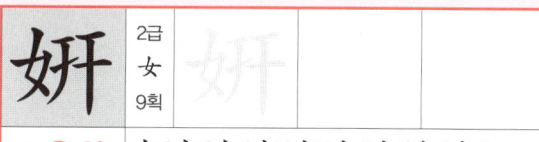

고을 **연**

妍麗(고을 연, 고을 려) 어여쁘고 아름다움.
妍醜(고을 연, 추할 추) 생김새의 아름다움과 추함.

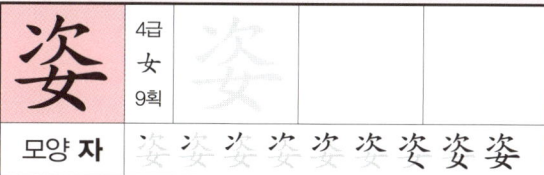

모양 **자**

姿態(모양 자, 태도 태) 몸을 가지는 태도나 맵시.
姿勢(모양 자, 형세 세) 몸을 가누는 모양.

笑顔(웃음 소, 얼굴 안) 웃는 얼굴.
微笑(작을 미, 웃을 소) 소리를 내지 않고 빙긋이 웃는 것.

웃을 **소**

毛施淑姿(모시숙자) : 절세의 미인 모장과 서시는 자태가 아름다웠다.
工嚬妍笑(공빈연소) : 두 미인은 공교롭게 찡그리고 어여쁘게 웃었다.

年矢每催하고 羲暉朗曜라

세월은 화살 같이 늘 재촉하지만,
햇빛은 밝고 빛나기만 하구나.

年 8급 干 6획
해 년 年 午 午 午 午 年
年齒(해 연, 이 치) 나이.
今年(이제 금, 해 년) 올해.

羲 2급 羊 16획
사람이름 희 羲 羔 羔 羔 羔 羔 羔 羲 羲 羲
羲和(사람이름 희, 화합할 화) 중국 고대 관직 이름.
伏羲氏(엎드릴 복, 사람이름 희, 성씨 씨) 중국 신화에 나오는 중국의 제왕.

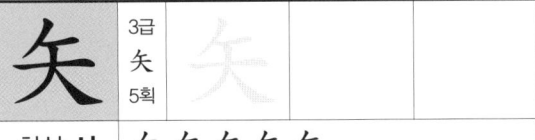

矢 3급 矢 5획
화살 시 矢 矢 矢 矢 矢
矢言(화살 시, 말씀 언) 아주 굳게 언약함.
弓矢(활 궁, 화살 시) 활과 화살.

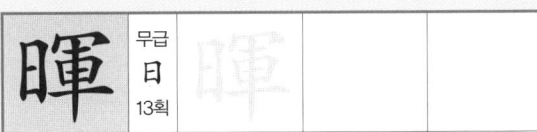

暉 무급 日 13획
빛날 휘 暉 暉 暉 暉 暉 暉 暉 暉 暉
暉映(빛날 휘, 비칠 영) 광채가 남.
暉暉(빛날 휘, 빛날 휘) 하늘이 맑고 밝은 모양.

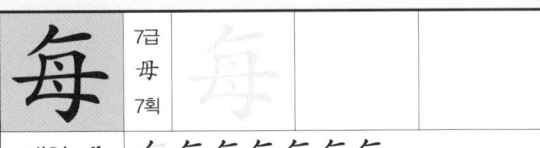

每 7급 母 7획
매양 매 每 午 午 毎 毎 每 每
每樣(매양 매, 모양 양) 항상 그 모양으로.
每事(매양 매, 일 사) 일마다.

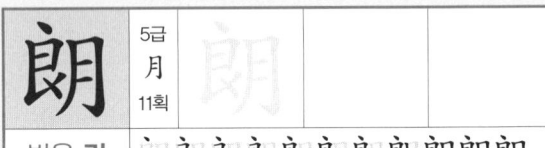

朗 5급 月 11획
밝을 랑 朗 朗 朗 朗 朗 朗 朗 朗 朗 朗 朗
朗讀(밝을 낭, 읽을 독) 소리를 높이어 읽음.
朗朗(밝을 낭, 밝을 랑) ① 소리가 명랑한 모양. ② 밝은 모양.

催 3급 人 13획
재촉할 최 催 催 催 催 催 催 催 催 催 催
催眠(재촉할 최, 잘 면) 잠이 오게 함.
開催(열 개, 재촉할 최) 모임·행사 따위를 엶.

曜 5급 日 18획
빛날 요 曜 曜 曜 曜 曜 曜 曜 曜 曜 曜
曜曜(빛날 요, 빛날 요) 빛나는 모양.
曜日(빛날 요, 날 일) 1주일의 각 날의 이름.

年矢每催(연시매최) : 세월은 화살처럼 빨라 항상 다음 해를 재촉한다.
羲暉朗曜(희휘랑요) : 날마다 떠오르는 태양이 온 누리를 밝게 비춰준다.

璇璣懸斡하고 晦魄環照라

선기옥형(璇璣玉衡)은 매달린 채로 돌고, 어두워졌다가 다시 밝아져 순환하여 비춘다.

璇	2급 玉 15획				
구슬 선	璇璇玉玗玙玜玡玢珖琁璇				

璇玉(구슬 선, 옥 옥) 아름다운 옥.
璇源(구슬 선, 근원 원) 주옥(珠玉)이 산출되는 강물.

晦	1급 日 11획
그믐 회	晦晦日旷旷昕晦晦晦晦

晦朔(그믐 회, 초하루 삭) 그믐과 초하루.
晦日(그믐 회, 날 일) 그믐날.

璣	2급 玉 16획
구슬 기	璣璣玨玤玪珜珤珤璣璣

璣組(구슬 기, 짤 조) 구슬을 꿴 꾸러미.
珠璣(구슬 주, 구슬 기) 온갖 구슬.

魄	1급 鬼 15획
넋 백	魄白白的的皕皕皕魄魄

氣魄(기운 기, 넋 백) 씩씩한 기력과 진취성 있는 기상.
魂魄(혼 혼, 넋 백) 넋.

懸	3급 心 20획
매달 현	懸懸目県県県県懸懸懸懸懸

懸隔(매달 현, 떨어질 격) 아주 차이가 큼.
懸板(매달 현, 널 판) 글씨나 그림을 새겨 벽에 다는 널 조각.

環	4급 玉 17획
고리 환	環環環環環環環環環環

環境(고리 환, 지경 경) 자연적 조건이나 사회적 상황.
指環(손가락 지, 고리 환) 가락지. 반지.

斡	1급 斗 14획
돌 알	斡斡斡斡斡斡斡斡斡斡斡

斡旋(돌 알, 돌 선) ①돎. 돌림. ②다른 사람의 일이 잘 될 수 있도록 주선하여 줌.

照	3급 火 13획
비칠 조	照照日日昭昭照照照照

照明(비출 조, 밝을 명) 빛으로 밝게 비추는 것.
對照(대할 대, 비출 조) 마주 대어 비교해 봄.

璇璣懸斡(선기현알) : 옛날에는 선기(璇璣)를 매달아놓고 돌려가며 천체의 움직임과 위치를 관측하였다.
晦魄環照(회백환조) : 달은 그믐에 어두워졌다가 초하루에 다시 밝아져서 돌고 돌아 세상을 비춰준다.

指薪修祐하야 永綏吉邵라

섶의 불씨를 가리켜 복을 닦음을 비유하니,
오래도록 편안하여 길상(吉祥)이 높아지리라.

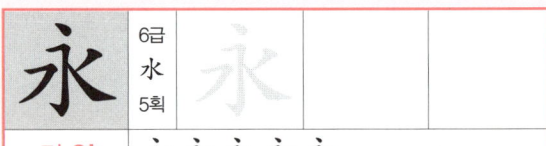

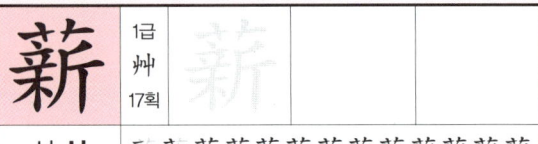

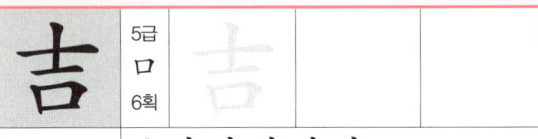

指薪修祐(지신수우) : 섶은 타서 없어져도 불씨는 전해지는 것을 가리켜 선행(善行)을 쌓아 복을 부른다.
永綏吉邵(영유길소) : 이와 같이 하면 영원히 편안하고 상서로움이 높아질 것이다.

矩步引領하고 俯仰廊廟라

걸음을 바르게 하고 옷깃을 바르게 여미며,
조정(朝廷)에 오르내린다.

矩	1급 矢 10획		俯	1급 人 10획	
법 구	矩矩矩矩矩矩矩矩矩矩		구부릴 부	俯俯俯俯俯俯俯俯俯俯	

矩度(법 구, 법도 도) 법도. 법칙.
規矩(그림쇠 규, 곱자 구) 그림쇠와 곱자. 사물의 표준이 되는 것.

俯瞰(구부릴 부, 볼 감) 고개를 숙이고 봄.
俯伏(구부릴 부, 엎드릴 복) 고개를 숙이고 엎드림.

步	4급 止 7획		仰	3급 人 6획	
걸을 보	步步步步步步步		우러를 앙	仰仰仰仰仰仰	

步行(걸을 보, 갈 행) 걸어서 감.
進步(나갈 진, 걸을 보) 사물의 내용이나 정도가 향상되는 것.

仰望(우러를 앙, 바랄 망) 우러러 바람.
仰慕(우러를 앙, 사모할 모) 우러러 사모함.

引	4급 弓 4획		廊	3급 广 13획	
끌 인	引引引引		행랑 랑	廊廊廊廊廊廊廊廊廊廊	

引力(끌 인, 힘 력) 끌어당기는 힘.
引上(끌 인, 윗 상) 물가, 요금, 봉급 따위를 올림.

畵廊(그림 화, 행랑 랑) 그림 등 미술품을 진열하여 전시하는 곳. | 行廊(갈 행, 행랑 랑) 대문의 양쪽이나 문간 옆에 있는 방.

領	5급 頁 14획		廟	3급 广 15획	
옷깃 령	領領領領領領領領領領		사당 묘	廟廟廟廟廟廟廟廟廟	

領收(받을 영, 받을 수) 받아 들임.
領土(거느릴 영, 흙 토) 한 나라의 통치권이 미치는 지역.

廟堂(사당 묘, 집 당) 종묘와 명당(明堂). 곧, 조정.
宗廟(마루 종, 사당 묘) 역대 제왕의 위패를 모시는 왕실의 사당.

矩步引領(구보인령) : 걸음을 법도에 맞게 바르게 하고 옷차림을 단정하게 한다.
俯仰廊廟(부앙랑묘) : 조정에 오르내리면서 나랏일이 잘 되도록 애쓴다.

束帶矜莊하고 徘徊瞻眺라

띠를 묶고 있을 때는 몸을 바르게 가지고 씩씩하며
배회(徘徊)하니 사람들이 우러러 본다.

束	5급 木 7획
묶을 속	束束束束束束束
束縛(묶을 속, 얽을 박) 얽어매어 구속함. 結束(묶을 결, 묶을 속) 동여맴.	

徘	1급 彳 11획
배회할 배	徘徘徘徘徘徘徘徘徘徘徘
徘翔(배회할 배, 날을 상) 빙빙 돌면서 낢. 徘徊(배회할 배, 배회할 회) 일정한 목표가 없이 천천히 이리저리 거닒.	

帶	4급 巾 11획
띠 대	帶帶帶帶帶帶帶帶帶帶帶
帶同(띠 대, 함께 동) 함께 데리고 감. 玉帶(구슬 옥, 띠 대) 옥으로 만든 띠.	

徊	1급 彳 9획
배회할 회	徊徊徊徊徊徊徊徊徊
徊徨(배회할 회, 노닐 황) ① 정처 없이 떠돌아다님. ② 불안해하거나 근심하는 모양.	

矜	1급 矛 9획
자랑할 긍	矜矜矜矜矜矜矜矜矜
矜持(자랑할 긍, 가질 지) 자신의 능력을 믿음으로써 가지는 자랑. 自矜(스스로 자, 자랑할 긍) 자기 스스로 하는 자랑.	

瞻	2급 目 18획
볼 첨	瞻瞻瞻瞻瞻瞻瞻瞻瞻瞻
瞻望(볼 첨, 볼 망) 바라봄. 瞻仰(볼 첨, 우러를 앙) 우러러봄.	

莊	3급 艹 11획
씩씩할 장	莊莊莊莊莊莊莊莊莊莊
莊嚴(씩씩할 장, 엄할 엄) 씩씩하고 엄숙함. 山莊(메 산, 별장 장) 산 속에 지은 별장.	

眺	1급 目 11획
볼 조	眺眺眺眺眺眺眺眺眺眺眺
眺臨(볼 조, 임할 림) 내려다 봄. 眺望(볼 조, 바랄 망) 먼 데를 바라봄.	

束帶矜莊(속대긍장) : 군자는 조정에서 관대를 묶고 일할 때는 몸가짐을 바르게 하고 씩씩하게 한다.
徘徊瞻眺(배회첨조) : 군자가 목적 없이 이리저리 돌아다닐 때는 사람들이 공경하여 우러러 본다.

孤陋寡聞하면 愚蒙을 等誚라

고루(孤陋)하고 배움이 적으면
어리석고 아둔한 자와 똑같이 꾸짖는다.

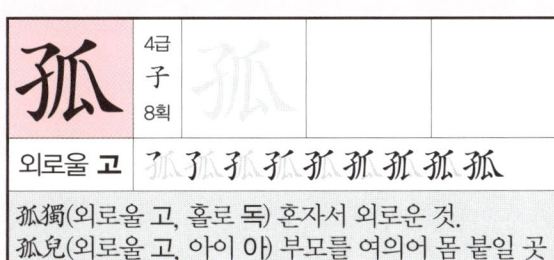

孤獨(외로울 고, 홀로 독) 혼자서 외로운 것.
孤兒(외로울 고, 아이 아) 부모를 여의어 몸 붙일 곳이 없는 아이.

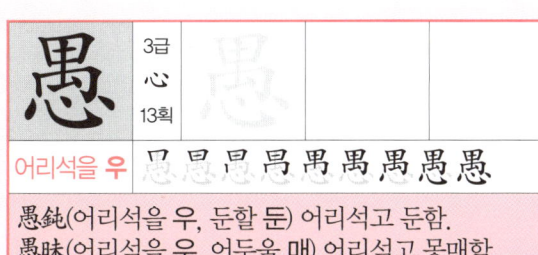

愚鈍(어리석을 우, 둔할 둔) 어리석고 둔함.
愚昧(어리석을 우, 어두울 매) 어리석고 몽매함.

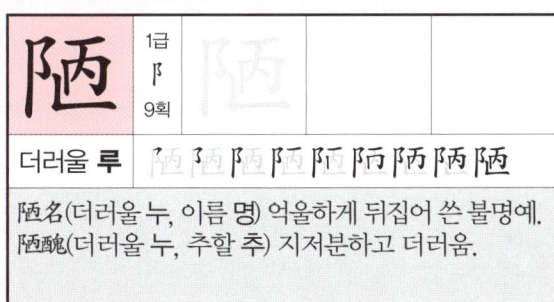

陋名(더러울 누, 이름 명) 억울하게 뒤집어 쓴 불명예.
陋醜(더러울 누, 추할 추) 지저분하고 더러움.

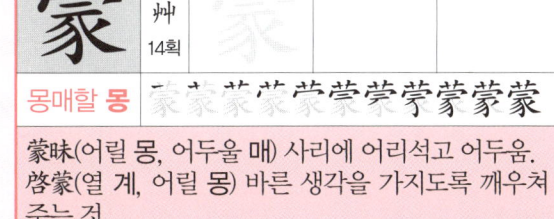

蒙昧(어릴 몽, 어두울 매) 사리에 어리석고 어두움.
啓蒙(열 계, 어릴 몽) 바른 생각을 가지도록 깨우쳐 주는 것.

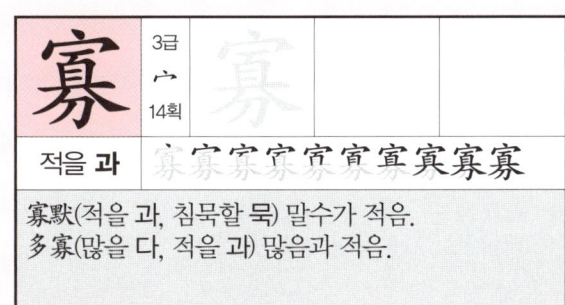

寡默(적을 과, 침묵할 묵) 말수가 적음.
多寡(많을 다, 적을 과) 많음과 적음.

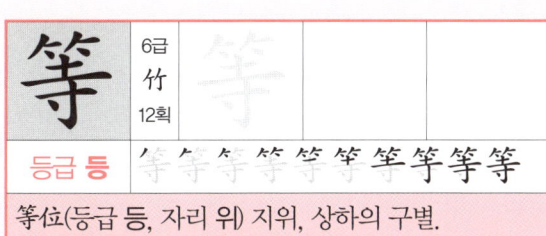

等位(등급 등, 자리 위) 지위, 상하의 구별.
等閑(등급 등, 한가할 한) 대수롭게 여기지 아니함.

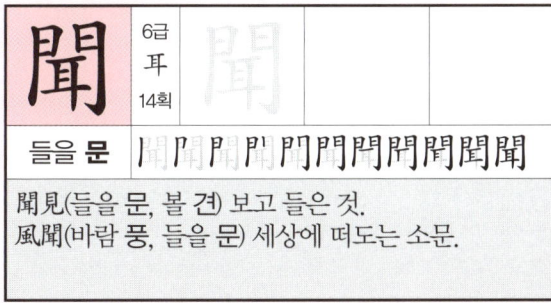

聞見(들을 문, 볼 견) 보고 들은 것.
風聞(바람 풍, 들을 문) 세상에 떠도는 소문.

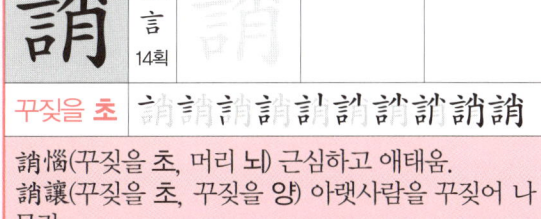

誚惱(꾸짖을 초, 머리 뇌) 근심하고 애태움.
誚讓(꾸짖을 초, 꾸짖을 양) 아랫사람을 꾸짖어 나무람.

孤陋寡聞(고루과문) : 홀로 배워 누추(陋醜)하고 보고 들은 것이 적다.
愚蒙等誚(우몽등초) : 위와 같으면 어리석고 몽매한 자와 똑같이 꾸짖음을 듣게 된다.

謂語助者는 焉哉乎也니라

어조사(語助辭)라 일컫는 것은,
언(焉)·재(哉)·호(乎)·야(也)이다.

謂	3급 言 16획
이를 위	謂謂謂謂謂謂謂謂謂謂
所謂(바 소, 이를 위) 이른바. 願謂(원할 원, 이를 위) 축원할 때에 하는 말.	

焉	3급 火 11획
어조사 언	焉焉焉焉焉焉焉焉焉焉
焉敢(어찌 언, 구태 감) 어찌 감히. 감히 하지 못함을 뜻함. │ 終焉(마칠 종, 어조사 언) 없어지거나 죽어서 존재가 사라짐.	

語	7급 言 14획
말씀 어	語語語語語語語語語
語學(말씀 어, 배울 학) 언어를 연구하거나 습득하는 학문. 國語(나라 국, 말씀 어) 그 나라의 국민이 사용하는 말.	

哉	3급 口 9획
어조사 재	哉哉哉哉哉哉哉哉哉
嗚呼痛哉(탄식할 오, 부를 호, 아플 통, 어조사 재) '비통하다'의 뜻. 快哉(쾌할 쾌, 어조사 재) 통쾌하게 여김.	

助	4급 力 7획
도울 조	助助助助助助助
助力(도울 조, 힘 력) 힘을 도와주는 것. 協助(화할 협, 더할 조) 힘을 모아 서로 돕는 것.	

乎	3급 丿 5획
어조사 호	乎乎乎乎乎
斷乎(끊을 단, 어조사 호) 엄격함. 嗟乎(탄식할 차, 어조사 호) 슬픔을 탄식하는 말.	

者	6급 老 9획
사람 자	者者者者者者者者
勝者(이길 승, 사람 자) 싸움이나 경기에서 이긴 사람. 이긴 편. │ 敗者(패할 패, 사람 자) 싸움이나 경기에서 패한 사람. 패한 편.	

也	3급 乙 3획
어조사 야	也也也
也已(어조사 야, 이미 이) 긍정이나 감탄을 나타내는 어조사. 也夫(어조사 야, 대저 부) 감탄을 나타내는 어조사.	

謂語助者(위어조자) : 어조사라고 하는 것은
焉哉乎也(언재호야) : 언자(焉字), 재자(哉字), 호자(乎字), 야자(也字)이다.